まごころの人

辰巳浜子

鎌倉・浄明寺の家の庭にて、辰巳浜子。雑誌用の撮影なので、かなり緊張した面持ちだが、充実した日々の頃のもの。

PHOTO NAOSI MAKI

人愛する者の為に死す之より大いなる愛はなし

ヨハネによる福音書より

まごころの人　辰巳浜子

辰巳芳子　編

本書のこと

辰巳芳子

昭和五十二年六月に母・辰巳浜子が天に召された後、遺された私たち子どもは、母がお頼まれするままに書き記した数々の文章をなんとか、かたちあるものとしておきたいと、たずねたずねて集め、一本といたしました。その中心になったのは、第一章の「私の『風と共に去りぬ』」でした。本章は本文中にありますように、世界文化社の編集の方との雑談の合い間にすすめられ、「家庭画報」に連載したものです。表題からお察しいただけるように、荒廃のタラの地で明日に向かって立ち上がるスカーレット・オハラに自らを重ね、三児を抱えて大戦中、そして戦後を乗りきった日々を記したものです。

いま読み返してみても、母の圧倒的な生活力、行動力、そして溢れんばかりの家族への愛情を感じると同時に、「ああ、ここに一つの昭和がある」と胸をつかれます。長く激動の時代といわれた昭和も、いまや歴史の一駒になってしまいました。戦争の状況ももちろんですが、平和の時代とは異なっても、ここにはやはり一つの〝日常の暮し〟が綴られているように思われます。その意味で暮しの記録でもあるのです。ひとつの家庭を通して、昭和の生活記録としてお読みいただければ、と存じます。

そしてまごころを尽くすことを宗とし、熱く生き抜いたひとりの女性のすがたを記憶にとどめていただければ幸いです。

目次

父・芳雄と、母そして私・芳子。鎌倉イエズス会での神父様の祝会にて。三人が元気で出かけた最後の写真。

私の「風と共に去りぬ」

一〇

終戦のその日から始まった生きるたたかい

昭和十九年の下半期から米軍の空襲は本格的となり、回が重なるに従い私どもの心は、容易ならざるものを感じ取り、日々不安は募っていくのでした。
※二十年三月二十四日、この夜は無数の照明弾が巨大な提灯をまき散らしたかのごとく中天を照し、深夜を人力でこれほど明るくすることが出来るかと戸惑う中を、大型爆弾は的確な目標を掴み、集中爆撃をしたのでした。
この日、長男一雄は上京中、主人と私は次男雄三郎を静岡県の清水航空隊に見送るため、娘芳子に留守を頼み不在でした。

芳子はと申せば、十九年早春懇願されて結婚をし、二十日に満たぬ新婚生活も温まらぬうち、新婿は召集を受け、フィリピンに出征してしまいました。

※二十年
当時、辰巳家は名古屋市に赴任・在住していた。夫・芳雄は、大倉土木株式会社に勤務。大倉土木は、戦後、財閥解体により現在の「大成建設」となった。

婿は九死に一生を得て彼地に着いたものの（戦後判明したことですが、同時に日本を発った輸送船団中ただ一隻のみマニラに着いたそうです）、同年九月フィリピン初期の空襲で戦死し、芳子は夫亡き後も名古屋市中心部の婚家先にとどまっておりました。次男雄三郎の予科練※志望は、こうした事がきっかけを作ったようでした。当時中学三年、満十四歳で家人に内密で予科練を志願したのでした。「今年はまだ早い、来年にしなさい」との私たちの言葉を聞かばこそ、「お母様の日ごろに似ずなにを言われるのです。僕たち兄弟は国の役に立つようにと言った言葉は嘘だったのですか」と言い張ります。「死ぬことだけが日本のためではない」と言い聞かせても、もう駄目でした。

　いまだ少年の域を脱しておらぬ末っ子の雄三郎は、昨日までただ可愛がられるためにだけいたような子供でした。清水に近い焼津の宿で、今宵一夜を境としてもうこの子に相会うことが出来なくなるかも知れぬと思うと、食卓にならべられたご馳走の数々も、食物としてのどを通りませんでした。どこひとつにも弾が当ってもらいたくないこの子のからだをと、一緒に風呂にはいり、背中を流す手はふるえました。頭の先から足の裏までと、後姿に祈り

※予科練
海軍飛行予科練習生の略称。旧制中学校四年一学期終了や高等小学校卒業者から志願者を集め、戦闘機乗りを養成した。

をこめて、ただ頭を下げるのみでした。神様、お祖父ちゃま、私のこの願いは間違っているでしょうか？ と問いながら……。自分の胎《はら》をいため、これまでに育てた子を、私はわが手で死地においやるのではないかとの錯覚さえ覚えました。

「雄ちゃんはまだ小さいから、或いは、体格検査はねられるかも知れないわよ、決して恥しくないのよ、また来年だって志願出来るのだからね。もしもはねられたら、この宿へきっと帰っていらっしゃい、お父様と明日一日待っていて上げるからネ」と言い聞かせるのでした。体格検査にはねられて、帰ってほしい、糸にもすがりたい母の心であったとしても、是非ない事だったと思います。

翌朝、清水駅前の広場は予科練志願者であふれ、出向の隊長の号令で番号順の整列がなされました。たくましい中学四、五年の生徒の中に交じった、二年生の伜は、小さく、細く、いたいたしいばかりでした。両脇のお兄さんたちを見上げ、心細そうな面ざしが遠目にもそれと察しられました。いよいよ出発五分前、見送り人に最後の挨拶の時間が許されました。走り寄った伜は「僕、小さかったネ」と一言いいました。「だからお父様とお母様があんなに言ったでしょう？　ゆうべの宿屋判っていますね、待っていますよ。きっとまっすぐ帰っていらっしゃいよ」と繰り返すのでした。

四列縦隊が大通りを行進し曲がりかどを回るとき、私たちをふり返り、会釈したいとけない姿は、今もなお私の脳裡を離れません。

掌中の珠を取られたような虚しさ、張りつめた心はうつろになって、三月末の春浅い港から吹き上げる潮風の冷たさを、にわかに身に沁みて感じ、あわてて衿巻きをかき合わせるのでした。宿に帰る道すがらも、また宿に着いてからも、主人も私も無言、口を開けば耐えきれぬ言葉が流れ出し、慰め励ます術とならぬことがわかっていたからです。雄三郎はその夜もついに帰らず、翌日も正午まで待ちましたが帰りませんでした。もうあの子は私たちの手許から完全に離れて、祖国の人になったのだと覚悟を決めなくてはなりませんでした。

二十四日夜のニュースで、名古屋空襲を聞いておりましたし、このつぎはどんな事が私たちを待っているのだろうか？　しかしなんとしても乗り越えていかねばならぬと、不安と決意が交錯する中を、名古屋に向かいました。ニュースは名古屋空襲は東部と報道していたので、いよいよ今度こそと、胸さわぎを押え家路を急ぎました。

今は、名古屋東部覚王山一帯もすっかり開けましたが、この大空襲前はまことに緑濃く、とくに織田信行の居城であった末盛城址一角は、赤土の丘陵地帯の多い名古屋郊外にしては、珍しくこんもりとした森に包まれた風致地区でした。それが、この日たどりついたわが家一帯の変貌をなんと言い表わしたらよいか、ただ「これが昨日まで」と繰り返しつつわが目を疑うのでした。

森の木々は一枚の葉すらとどめておらず、枝は折れ、木肌はひきさかれ、ただあたりかしこにうどをつき立てたようなありさまでした。森の木々でさえこのような被害を受けたのですから、人家の被害は想像に絶するものでした。工場ひとつない風致地区の郊外がこれほどの目標にされたのは、灯台下暗しと申しますが、我々の知らぬ間に末盛城址にある昭和塾堂に、名古屋師団司令部が移転して来ていたからであったためと、人づてに聞きました。空襲の跡かたづけをしながら、ざっと見回っただけで、家を円の中心として百メートル以内に二十発近い五百キロ爆弾の穴を数えました。二町内に落ちた爆弾は九十発近いとのこと。芳子の語ったところによると、まことに息つく間のないとはあの時のこと、爆死するのが当然であったと申しておりました。

しかしこの空襲のおかげで私どもは罹災証明がいただけて、晴れて疎開が許される身分となったのです。先方からはいつ来るか、いつ来るかと催促されておりましたが、町内がそれを許してくれなかったのです。

「名古屋を守るためには先ず家を守れ」

名古屋根性、そしてその根強さの現われで、勝手な理由、自由行動による疎開は町内会は認めません。病人、老人、幼児を持つ若い母親は早くから疎開をさせておりましたが、家を守る責任者はそれが持ち家であっても、借家であっても同じでした。幼児のいない私の家は疎開どころか町内の重要な防空担当者として扱われ、隣接町内の防火、罹災者の炊き出しの役目を持たされておりました。

戦時中（昭和十三年〜二十年）名古屋に暮したおかげで、生活に対する根性と堅実さを学び得たことは、私の人生にとって最大の勉強で、「宵越しの金は使わない」のを自慢にした江戸っ子の根性をすっかり捨てました。

土地を愛し、家を守るのは自分自身である、それゆえ隣近所に対しても、力を合わせる事を当然と考えて団結している姿は、全く立派でした。そしてこれは国を愛する精神につながっていました。空襲下、度々東京に行かなければならなかった私は、東京人の空襲のされ方と、名古屋人の空襲のされ方を比較して、首都東京の情けないありさまを見て、これではたして戦争に勝てるのかとの感を、早くから感じとっていました。名古屋はどんなにひどくたたきのめされようとも、数日後は、きちんと跡始末がまがりなりにも成しとげられ、醜い残がいを見せませんでした。東京は跡かたづけはおろか、車道、人道に電柱が倒れ、電線がたれ下がっていても跡かたづけする人さえないありさまでした。寄り合い世帯、「自分だけよければ他人の事などどうでもよい」的な人情を見て、いつの間に？　どうして？　東京の人はこんなに変わったのだろう、宵越しの金は使わぬ事はしても人情には厚かった、ほんとうの東京の人はどこへ行ってしまったのだろう。こんなだらしない東京は、もう私の住む所でないとさえ思うのでした。
とにかく、ばらばらになった家のおかげで、かねてから疎開のおすすめを受けていた春日井郡篠岡村の永井泰平氏（現在、農協会長）宅に身を寄せたのが四月中旬でした。

麦は穂をそろえ、見渡すかぎりの菜の花畑、のどかな牛の鳴き声、吹き渡る春風、こんな所が日本にまだあったかと昨日までの身の上が不思議でした。このような安穏に身を置いたものの、主人は、二十年三月社命により満州大倉土木株式会社に転任の命を受けており、それがいよいよ五月末までには渡満せねばならぬ事に決定しました。それにつけても心にかかるのは、名古屋中心部に喜びも希望もないであろう日々を、空襲につぐ空襲の危険の中に一年以上も婚家先の両親につかえている芳子の事です。主人のたっての願いで、せめて芳子を手許に呼び寄せ、空襲の危険からだけでも守ってやりたいと希望しましたが、周囲の事情でこれはかなえられませんでした。「神様は力に余る試練はお与えにならない、または必要な力はかならずお与えくださる」

との信仰のもとに、亡夫への約束でもあったからと、婚家先の両親のもとにとどまる芳子の姿、いとしくていとしくてなりませんでした。

篠岡村は現在、明治村が建設された隣接地で、地味の豊かな人情の厚い農村でした。代々村長を務める当代の永井泰平氏は、村の指導者として見識豊かに、実行力に富む人望の厚いお方でした。終戦後、東京引揚げまで、ご当家に置いていただいた事は、私ども家族の一生涯忘れ得ぬ感謝であり、修業でありました。私が第二の故郷と考えているのは篠岡村にほかなりません。

主人の渡満まではお客分あつかいを願う事にして、それ以後は永井家の一員となってこの地へ骨を埋める覚悟でした。祖先の位牌を、村の寺に納め、この地へ移った報告と、主人の渡満の無事と、雄三郎の武運長久を祈り、平和な疎開生活が始まりました。五月二十六日、いよいよ主人出発の日が来ました。関門海峡は機雷のため出航不能の予報を聞きながら、「ともかく行ける所まで行ってみる」と列車のブリッジに立つ夫の姿。お見送りの方々の万歳の声は、私にとって、虚しいあきらめをしいる人声としか響きません。

主人は大東亜戦争の前哨戦であった、上海事変の直後、近衛歩兵連隊の出兵に、※後備役《こうびえき》終了直前応召、徐州作戦に参加中病を得て、第一陸軍病院に帰って来た時は、白髪に変じていました。今また、二度目のご奉公に祖国のため海を渡る主人を思う時、万感胸に迫り、言葉もありません。別離とか生別を越えて、これで家の男が二人減ってしまった。日ごとに激しさを増す戦いのうずの中に刻一刻とまき込まれ、出て行く者、残される者も、いかにして人間として立派であらねばならぬかと、その一筋の道がはっきりしているだけでした。

翌日からは、天を仰ぎ地を見つめ、今日己れのなさねばならぬと信じた事に精を出しました。

今にして当時の心境を考えてみますと、「汝等の中誰か工夫して己が寿命に一肘だも加ふる事を得んや、さればかく最も小さき事すらも能はざるに、なんぞその他の事を思ひわづらふや、野の百合の如何に育つかを見よ、今日野にありて明日爐に投入らるる草をさへ、神はかく粧はせ給へば、いわんや汝等をや、まず神の国とその義とを求めよ、さらば一切のものは汝等に加へらるべし」。少女時代に香蘭女学校で受けた教えは、はっきりした聖書の言

※後備役
軍人および兵役は、現役・予備役・後備役よりなり、後備役は予備役を終え、年齢、健康面でもリタイア扱いの人。

上・戦地の父に送るために撮った家族写真。彫像のような犬はリリーといった。
左上／左下・戦地の父からはたくさんの葉書、絵葉書が届いた。中国の風景、入院した軍の病院の様子を描いたものも多い。

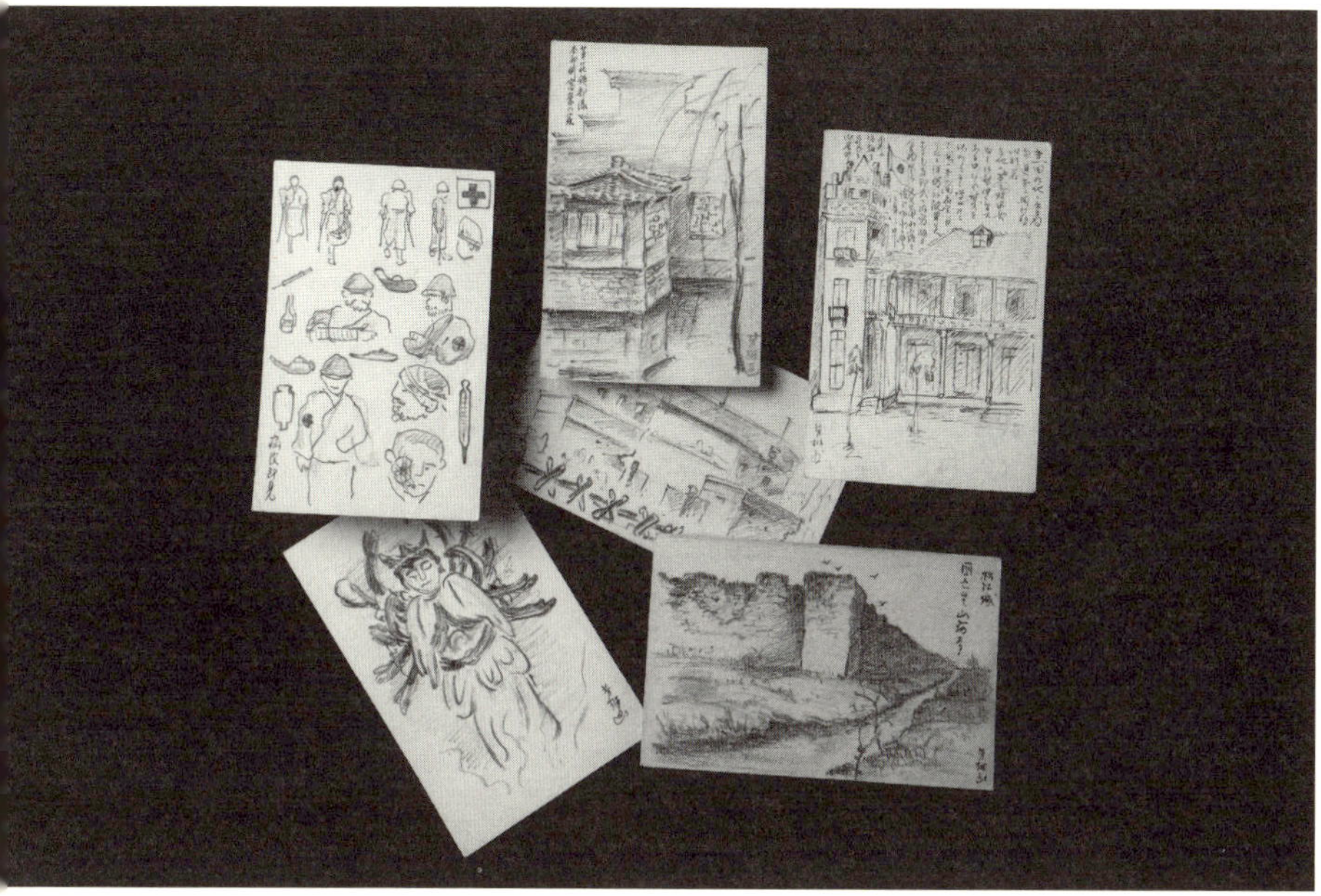

軍事郵便

葉で私に語りかけるのでした。「人愛する者の為に死す之より大いなる愛はなし」事実、私の生き方を左右していたのは聖書の言葉以外になかったようでした。

五月末と申しますと春の養蚕の最中、朝明けやらぬ間に桑畑に出て、剪定、鋏で切り分けられた桑の枝から桑の葉をしごき、背負いかごにいれるのも私の仕事でした。このほか、永井家の台所いっさいを任されておりました。

五月二十九日、名古屋にかつてない大空襲があり、名古屋の象徴であった名古屋城も、金の鯱《しゃちほこ》もろとも灰燼に帰しました。名古屋の空襲はこれが最後で、以後名古屋周辺都市が次々と、たった一夜の空襲で灰になっていきました。

六月四日、一通の電報が配達されました。

主人満州へ安着の知らせと思いきや、長男一雄の「義務兵役一ヵ年繰り上げ、至急近衛野砲連隊三宿へ入隊せよ」との品川区役所からの電報でした。金鎚で脳天をたたかれたとはこの事です。未明から麦刈り、さつまいもの苗植えを手伝い（学校が焼けて休暇中）、七時すぎ泥にまみれて野良から上ってきた一雄に、電報を渡すのがつろうございました。六日入隊の通知ゆえ、五日中には上京せねばなりません。夜を徹して入隊の準備をすませ、五月雨降る中を、伜の自転車の荷台に乗って名古屋駅に向かったのでした。途中、芳子に別れを告げに立ち寄りました。

芳子の「一雄ちゃんも？」と思わず口に出してしまった悲しい面ざしを見るに忍びませんでした。途中、静岡、横浜は、焼けただれた残がいからまだ煙がえぶり立っていました。廃虚に等しい帝都は、三宅坂に立つと、右銀座方面、左は九段坂を越えて神田方面まで一望に見通せるほどのみじめさ。事ここに到って、戦う力あるやなしや？　万事休すの感がありました。聞くところによれば、伜の部隊は鹿島灘方面に出動される〝はりつけ部隊〟とか、「何をか言わんや」であります。

健康優良児候補であった一雄の健康を過信したあまり、勉強も体育も人並み以上させました。そのため、陽転したことを軽く考えておりました。それで小学校五年生の秋、肋膜炎を起こさせてしまい、目くらむような申し訳なさを感じている折も折、父が上海事変に召集されたのでした。

専心看護に手を尽して全快はしたものの、一学年の休学は、一雄にとって痛手でしたでしょう。兵役検査までに甲種合格の体にしなくてはと、今日のこの日まで風邪ひとつ腹こわしひとつさせず、手塩にかけて育ててきたのでした。

甲種合格の栄誉は、一本のゴボウ剣しかない部隊、飯器が青竹の引き切り、戦争であっても戦うに戦えぬ若者に与えられた極印だったのでした。この時ばかりは私は、この子を引き戻しとうございました。死ね、というにはあまりにも残酷でした。どうあっても死ぬのではないと、日夜、伜の写真に言って聞かせ、陰膳をすえるのでした。

広島に投下された原子爆弾、続いて長崎に投下された原爆、八月九日のソ連参戦で日本の息の根は止められました。

八月十五日、日本史上最初の無条件降伏、切々たる天皇陛下のご詔勅を聞いて泣かなかった者はありますまい。しかし、これで戦争が終ったのです。

今日から敵にも味方にも死ぬ人がいなくなったのだ！　よかった、よかったとそれだけでも喜びでした。

そして「すると私は生き残ったわけだ」と気がついたのでした。芳子も生きていたわけになりますし、鹿島灘に敵が上陸した噂を聞かなかったので、或いは一雄も生きているかも知れない、雄三郎はどうであろう？　ソビエトの参戦で主人の生死が一番危ぶまれます。われ先に突撃でもしているかも知れないと、次々家族の者たちの安否が気遣われるのでした。

灯火管制の解消であかあかと電灯をともした農家には、黙々として人影が動き、夏の夜空は悠久として雲が動き、星がまたたくのでした。大自然の中のあの星のまたたきのひとつでしかない地球上の人間が、大手を振って堂々と人殺しを行ない、罪と苦しみと悲しみをまき散らす戦争行為を、いったいだれの許しを得て始めたのでしょう？　これほどの愚かなる者はだれだったのでしょう？　日本を守るべき陸海軍人が日本を滅ぼしてしまったのです。とは言え、私どもにもその責めを負わなければならぬ責任があったのでしょう。二度と再びこのような愚かな事はしたくありません。

敗戦後の日本はどうなるのであろうか？

混沌たる終戦処理は雲をつかむに似ていました。そんなある日突然、雄三郎が予科練の軍装で、目ばかりぎょろつかせて復員して来ました。短期間に訓練されてたくましくなって帰りました。ほんとうにうれしゅうございました。十日ほどおくれて一雄が栄養失調に青ぶくれ、片足を引きずって復員して来ました。片目だろうと、びっこだろうと帰って来てさえくれればこっちのもの、生きて再会を得たのを喜び合うのでした。

子供が二人帰って来たので私はまた忙しくなりました。先ず知りたかったのが、アメリカの出方と日本の方針です。大陸を持つアメリカが、日本の土地に対しては寛大らしいのはなによりありがたいことでした。篠岡の土になるつもりでしたが、子供のための生活、勉学の将来を考えなければなりませんでした。そして戦争が終ったので、芳子の身柄を私どもに返していただかなければならぬ事でした。

幸い東京上大崎長者丸の家は焼け残っているらしいので、名古屋市に出るか、東京へ引き揚げるかが思案のしどころでした。三人の子は主人の忘れ形

左頁
疎開先の名古屋・篠岡村にて農作業に励む。この体験が東京に帰っても家族の命をささえ、暮しを守るよすがとなった。

見として、私の責任です。渡満以来、一銭の送金もない私たち親子は裸一貫第二の人生を歩み出さなければなりませんでした。神の愛と恵みを信じ、平和を愛し、真実を貫く勇気は全身にみなぎっておりました。理由なくして神様が生かしてくださったわけはないと信じて……。けれど急転直下世相をいかに判断して行動したらよいかを考えました。ふと思いついた読み物がありました。それは『風と共に去りぬ』※でした。戦火に滅び行く者、その中から立ち上る者、戦争の表と裏、これはおもしろいものを見つけたと思いました。

「三人の子供の将来を考えると、ここにこうして食べるに不自由ないからと言って寄生虫的な生活は出来ません。生きているかぎり生き抜かなければなりませんので東京の様子をちょっとさぐって来たい、それによって居を定め、今後の方針を定めたいと思う」と永井氏に申し出、翌朝、雄三郎を連れて上京しました。一雄は応召中の栄養失調と踏み抜き傷のため同道出来ませんでした。

※パイ助一組、鋸、備中、スコップ、野菜の種と米と塩、味噌、油と地下足

私の「風と共に去りぬ」

※『風と共に去りぬ』
M・ミッチェル作の長編小説。勝気で情熱的な女性スカーレット・オハラの生き方を、アメリカ南北戦争時代を背景に描いたもの。女主人公の姿に浜子は自分を重ねたのであろうか。

※パイ助
パイ助はバスケットの言葉変化。石炭や土を入れて運ぶ籠。備中は備中鍬のことで、金属部が三から四つに分れている。

袋を担いでの上京でした。とにかく汽車に乗って目黒駅に到着しました。無事であった目黒駅の懐かしかった事、未明の道を古巣へ急ぎました。

長者丸一帯は完全に残っていました。門に手をふれると、難なくスルスルと開きました。「戸締りもせずに不用心な」と思いはしたものの、それはもっけの幸いでした。寝坊な人たちを起こしてもと考え、庭石に腰をおろして持参の握り飯で腹をととのえ、一息いれました。

「雄ちゃん！ 東京のほうが暮しよいよ。第一、東京にはお金が落っこちているわよ」「どうして？」

「道々ごらんなさいな。じいやさん、女中さんを使い慣れていた長者丸の人たちのだらしない暮し方、草はぼうぼう、庭木の手入れひとつされずに、垣根はこわれほうだい、箒ひとつ使った跡のない裏通りは木の葉で埋まっているでしょう。溝だってつまったままよ、長者丸じゅう堆肥だらけよ。農村は肥料不足で困っているのに、東京は堆肥に埋もれているなんて、永井さんに東京で百姓をしなさいといいたいくらいだわ、断然東京で暮す事に決めた。そうと決まったら一発やるか？」と。

東京での生活の見通しがついたら長者丸の庭をある程度畑に作り、種をまいてから一度篠岡にもどり、引揚げ準備をして東京に帰るつもりでした。帰れば味噌汁の実になるくらいの青菜にはこと欠かないだろうとの見通しだったのです。軍手をはめて、ギコギコ庭木を引き始めました。すると雨戸が開いて、「だれですか？　他人の庭の木を切るのは」と見知らぬ顔にどなられました。

「私は、この家の持ち主の辰巳でございます。あなた様はどなた様でいらっしゃいますか」

何やら慌しく人の動きがあって、隣の人が見えました。

「あら！　浜子さん！　雄ちゃんも元気でよかったですね。名古屋からおいでですか？　ご家族の皆様はご無事でしたか？」と首実検が終りました。

「実は、ここに住んでおられた方は疎開したまま帰って来ないのです。罹災者がたよって来て私の家へはいりきれないので、空家になっていて無用心ではあり、もったいないので、無断で申し訳ないと思いつつ、連絡場所もわからなかったので、一時おいれしてしまったのです。どうぞ悪く思わないでください、その代わり、あなたたちのお住まいになる部屋だけはあけさせます」

困る時はお互いさまと私も心よく承知し、二部屋だけとりあえず開けていただきました。

なつかしいわが家に、七年ぶりに足を踏み入れておどろいたのは、荒れはてたの一言に尽きました。よくこんなきたない生活がしていられるものと、人間の住む家とは考えられません。玄関の畳はブカブカ、天井を見上げると雨もりのあとが見えます。原因はこれだ。雨が降らぬ間、屋根を見る必要があると、午後から屋根に上りました。案の定、瓦がずっています。とよは枯葉で埋まって土にかえっている始末。瓦のずれを直し、二階の欄干に麻縄で体を結びつけて可能のかぎりとよの掃除をしました。これで雨が降っても、庇《ひさし》に雨水が回る心配もないと、やれやれでした。

何よりもおどろいて目を見張ったのが、お便所の中のありさまでした。薄暗い下の方をすかして見て、「変だなあ、これは明朝、汲み取り口から原因を調べよう」と物置に汲み取り柄杓の健在なのを見届け、翌朝の来るのが待ち遠しかったのです。

明けるのを待って厳重な身ごしらえ（目だけ出して、モンペ、軍手、地下足袋）で、こわごわ汲み取り口のふたを開けました。おどろいたのなんのって、これを見てはあきれるよりむしろおかしさで、思わず笑ってしまいました。汚いお話でまことに恐縮ですが、自然の力とはたいしたものだと、感じたままを申し上げたいので暫くお許しください。

空襲下汲み取り屋さんが何ヵ月も来なかったのでしょう。溜りも溜ったり、肥えつぼは埋りつくし（私の家のつぼは大きくつぼの周りは広くコンクリートで固めてありました）、基礎の周辺も埋り、黄金の盛り上りは家の土台にまで達せんとして山のようになっていたのです。自然とは偉大と申すのはこれからです。これだけの黄金水がよくぞあふれて流れ出さなかったものとよく見れば、表面はまっ黒の層でも、中はなまなましい黄金水であったこともおどろきでした。汲めども尽きずすくえども尽きずと黄金水は汲み上げられ、運ばれました。同居人たちに恥しい思いをさせては申し訳ないと未明に取りかたづけをすませ、知らぬ顔をしているつもりでしたが、一時間や二時間では終りません。田舎の香水の匂いをまき散らして暁のねむりをさまたげても悪いと思ったのですが、こうなれば破れかぶれ、穴掘りだけでもう腰が相当くたびれました。一日かかってもやってしまおうと意地のほうが先になっていました。子供（雄三郎）が目をさまして、これを見つけ、「お母さん！おやめなさい。僕があとでするから」と言ってくれましたが、予科練の生き残りにこんな仕事をさせてたまるかと思い、「へいちゃらだよ。篠岡村でさんざんしてなれたものよ」と、とうとうかたづけてしまいました。借家人の皆様は、家主さんがお帰り早々、私たちの始末をしていただいてなんとも恐れ入りました。さっきから朝食を食べようにも臭いやら申し訳ないやらで坐ってもいられませんと、座敷を出たりひっこんだり、なにもかも他人まかせで生きていた都会の人の無気力さ。でも皆様ほんとうにいいお方ばかりでした。

混乱のなかで
ひとつの輪が回りだした

七年ぶりでやっと帰りついた長者丸の古巣は、荒れるにまかせ、どこから手をつけてよいかわからぬほどのわが家に変じてはおりましたが、なんと申しても、いちばん安心して手足をのばして寝られる場所でした。※御料林（白金御料地）の地境の土手の上の黒々と茂った椎の大木も、水木も、飯桐《いい》もすくすく天にそびえ立って昔のままでした。山ごぼうが大木のように茂って、黒い実の房がみごとに実っている場所も、昔のまま鮫島家との垣根の隅でした。手入れのとどかぬままに朽ちはてた境界線の丸太の杭は倒れて、土手に寄りかかり、藪がらしや八重むぐらがぎっしり巻きついて、花盛りでした。思いがけない所で、からすうりのボケボケとした白い花びらが、夕方の暮れ

※御料林
昭和二十四年に国立自然教育園となっている。

かかった木の間からゆれ動く美しさに、平和な天地を呼びもどした今日の静けさを思い味わうのでした。

夕方のしじまを破って奇妙な動物的な鳴声を上げるのは、地続きの朝香宮※邸のくじゃくが健在であった証拠でした。どれもこれもひとつひとつ昔に変わらぬ息吹きに、この大自然に習って、無言にたくましく根を張る決心を固めるのでした。

一歩きびすを家の中に入れば焼けたガラス戸は、〝これはくもりガラスだったのかしら〟と見違えるばかり。ガラス窓の桟も、指でさわらなくともほこりが積っているのが目につきます。畳はささくれ、唐紙は破れ、戸の開け閉めにほこりのままの敷居は歯の浮くような音を立てて思わず身ぶるいが出るのでした。掃除をしたくても、水道の水が午前十時頃からチョロチョロ、糸のように出るありさまでは、飲み水にも事をかく始末です。お米の磨ぎ水で、茹で物や煮物をしなければならないのでした。

どの木を残して、どの木を燃料にして、どこに何を植えようかと野菜の自給自足の計画を立て、木を切り石を移し草を刈り、土をおこしうねを立て、

※朝香宮邸　現在は庭園美術館になっている。

肥料を埋め、種を播くまでの下準備を着々と実行するのに余念もなく、寸暇もおしんではげみました。

これから如何な事になるやもしれぬ敗戦国日本への不安、三人の子供の将来、何にもまして案じられるのは主人の身の上です。昭和二十年の晩春渡満したまま音信不通で、終戦後一ヵ月たつかたたぬ今日、どうわめいてみてもどうする術もなく、ただ無事を祈るだけがあたえられた方法であったのです。

どんな事態が起ころうとも、今日の己れが悔いのない一日を忠実に生き抜くだけだ、主人の身の上に万一の事があったとしても、父親の分を合わせて子供たちの上に愛情をかたむけなければ、敗戦の混沌たる波に子供たちはおし流されてしまうであろう。そのうえ渡満以来主人から一銭の送金もない私の財布はもう底をついた事です。どうして親子五人——空襲にいちばん安全と考えた京都の親戚へ老母を疎開させてありました——食べていこうかとの考えはまことに痛切、切実の事実でした。金がなくても食べていく方法？青菜の一茎、一本の大根でも作ることしかないのでした。

亡き父上が大切にされた庭を畑に変えるこの申し訳は、「時来ればもと以上にしてお返しいたします」と心にちかって、門から玄関までの陽あたりのよい南側を畑にしました。父の老後のたのしみに作っていた裏の畑は、隣家の垣根のきわまでたがやして、来春の予定まで立て、表通りから枯葉を運んで堆肥に積んだり、草木灰にしたり、ともかく一応、ほうれん草、大根、小松菜、かぶ、ねぎ、かきちしゃなどの種を播きおわるまでに十日ほどかかりました。

その頃はもう私の腹も「東京で生き抜こう」との決心がはっきりきまり、見通しも明るいような心になっていました。

出来るだけ早く、疎開先篠岡村から荷物をまとめて引揚げて来る約束をして、名古屋へもどったのが上京以来十一日目、九月の末でした。永井家の皆々様に東京のありさまを報告し、自分と子供たちの力で、何とか生活の道を立ててみたいとの希望をのべ、万策尽きれば、また篠岡村に帰るやもしれぬと、長い間の親身も及ばぬご家族一同のご親切を感謝しつつ、手回りの荷物をまとめにかかりました。

一雄は、栄養失調からきたむくみと下痢も大分良好に向かいつつ、長者丸に帰る喜びに勇気を増して、大張り切りで荷物造りを手伝うのでした。女《むすめ》芳子の婚家先へ出向いて、主人が渡満の際言い残した言葉を父の遺言であると申し、芳子の身柄を辰巳へ返していただくことを申し出ました。「一人息子に戦死をされ、今また力に頼む嫁の芳子さんをお母様のもとにお返しするのは当然の事ながら、かねて覚悟はしていたものの息子さえ生きておればこんな悲しい思いをしないですむものを……」老夫婦を二年もの間よく世話をしてくださった、ろくな物も食べさせずに、たのしい事もなにひとつさせずに、まことに申し訳ない事でしたと、泣かれるのには全く私も困りましたが、泣いた事のない父上が、声を上げて泣かれるのには、全くどうお慰め申してよいか言葉もなく、ほとほと閉口しました。戦争のむごたらしさを憤らずにおられません。

しかし御両親の悲しみもさることながら、若くして夫を失ってしまった芳子の身の上がいとしくてなりません。幸い清く強い信仰が、今後の芳子のささえに役立ってくれるであろうと念じるだけの、力ない母親でしかないのでした。

芳子の問題もかたづきましたので、いよいよ篠岡村から出立する日取りもきめられたのが十月上旬でした。永井家の御好意に甘えて、移動禁止の米を三升ぐらいの布袋に封じ、各荷物の中に分散しおさめました。

米以外の麦、大豆、小豆、そばなどの雑穀も、当分の間の食いのばしが出来得るほどに分けていただき、これらの荷物が無事東京に着けば、半年は生きていかれるはずとの見込みでした。トラック一台分満載の荷物がともかく名古屋駅まで着きました。ごったがえしの貨物受付交渉中、どうした幸運か、東京行貨車が一台空いているからといわれた時のうれしさは言葉に尽きませんでした。息子二人と大倉土木名古屋支店の若い方とで、あれよあれよという間に荷物は無事に貨車に積み込まれました。それを見とどけて私どもは上り列車のホームにかけ上りました。列車の混雑は言語に表わせません。窓からの出入りがあたりまえ、通路に坐るのもあたりまえ、国防服もよれよれなら、モンペもくちゃくちゃ目がギョロついたり、うつろになったりした人たちでおしあい、へしあいです。

それでも親子四人、とにかくひとかたまりとなって、本格的な生まれ故郷の東京のわが家に向けて帰るよろこびは幸中の幸いでした。いとこたちの出迎えを受け、東京駅に降り立ち手荷物だけを点呼したら、二十七個あったので手荷物好きは親ゆずりと大笑いされました。その日から食べ物に困る東京であってみれば是非もないわけで、このためどんなに助かったかしれませんでした。

翌朝、大崎駅から、名古屋駅発、大崎駅止りで貨車の荷物が到着しました。構内は野天であるため、雨が降っても荷物の保証は出来かねるうえ盗難のおそれがあるから、至急受け取りに来てほしいと電話がありました。四、五日はかかると覚悟していた荷物が、翌朝着くなんて不思議な事があればあるものと、息子を連れて大崎駅に出かけました。全部一個の間違いもなく荷物は到着していました。だがしかし、これだけの荷物をどうして家まで運ぶかが問題です。リヤカー一台すらなしとあっては、どうする方法もたちません。丸通は運べないと申すのです。

目黒までもどって出入りの商人に頼んで、大八かリヤカーを借りてくるより仕方ないと、ホームを下りて二十メートルも歩いて行くと、「やあ奥さん！

しばらく。皆様お元気でしたか？　名古屋からいつお帰りでした？」

「あら！　田中屋さん、お元気？　お宅も皆さんお変わりありませんでしたか」「御隠居様もだんな様もお元気でしたか」「お祖母ちゃんはまだ京都に疎開中なの、主人は満州に行ったまま行方不明なの」「そりゃあいけませんなあ、でどうして奥さんここへ」「実はこれこれしかじかで、今、田中屋さんに大八を借りに行こうかと歩き始めたところなの」「そうですか、実は今、ビールの配給を取りにここまで酒屋が合同で来たのです。配給を受ければあとは車が空いていますから、遠慮なくお使いください」と、やれやれ一安心しました。しばらくすると、今配給を取りに構内に行った、大八車が、全部(七、八台)空車の音をたてながらガラガラ帰って来るではありませんか。

「奥さん！　馬鹿にしているのさ、せっかく配給取りに目黒の通りの酒屋が合同で車をならべて来たのに、今日は配給なしなんですって。空ビンだけは全部あずけて来て、この大八空車になっちゃったんです。それで道々、お宅のことを話したら、どうせ空車なんだから、それじゃあ、皆で運んで上げようと、相談がまとまったんです。さあ運んで上げましょう」と皆が力を貸してくれました。地獄で仏とはまさに、このような事を申すのでしょうか、全くうれしくてうれしくてその時のありがたさは今も忘れる事が出来ません。この感謝を今も忘れずに、出来るかぎりの親切を人様にすることによって、ご恩返しと心得えております。この様子を、はるかかなたの丸通の事務所から見ていたのでしょう。職員の方が出て来られて、大八車七、八台では無理だから、特別にトラックを出して上げましょうと、申し出てくださったのです。全くこの時の不思議な出合いにも感激しました。あまりの幸運に、お祖父様が守ってくださったのか？　主人が助けてくれたのかしらと感じずにはおられませんでした。大八に積み始められた荷物も全部トラックにおさまり、一挙わが家の門前まで直行してしまったのです。

昨日名古屋を出た荷物があの混乱の中を、翌日無事東京に着いて、その日のうちに、家まで届いたのですから……、偶然とは申せ、何か目に見えない力の御加護があったものとしか私には考えられませんでした。まことにありがたく幸せな事でした。この事は私のこれからの生活にどんな大きい力と勇気を持つささえになったかわかりません。打ちのめされ、たたきのめされるような場合、いつも私はこの偶然を思い出して反省をするのでした。己が心のおごれる時必ず打ちのめされたたかれるのでした。無私の愛をもって努力と誠実をつらぬけば、思わぬ力のあたえられる事を……。

上京後三日目の午前十時頃、勝手口に復員らしい若者がおとずれました。白米を二升持っておりました。勿論私は買いました。ぽつぽつ語り出すのを聞くと、兄弟四人無事復員したものの生活の見通しもつかず困っていると。千葉県の海岸が故郷で、半漁半農の家庭である。父親から金の代わりに米をもらったので、それを一ヵ所にまとめて売りたい、あちらこちらかついで売り歩くのはいやだ。お宅で全部買ってくれないかと、全く寝耳に水のような、きつねにばかされたような話なのです。だまされたとしても前金ではなし、とにかく持っていらっしゃいと話がまとまったわけです。闇米は罪のひとつでした。けれども私たちは生きていかなければならないのです。私が買わないなら、だれかが買うのです。よし！　それなら私が買うと、決心をしたわけです。しかしその米の顔を見るまではだまされるのかもしれませんから、だれにも内密にしておかなければなりません。「四人で運べば一度に二俵は運べるがよいか」二俵！　たいした事になったぞ、二俵の即金の用意は？　文なしの私に二俵の米の代金のありようはずはない。しかしいくらでも持って来なさい、即金で払うからと、約束をしました。ある人の所へ飛んで行って事情を話し、もしもほんとうにお米が来たら、そちらにお譲りするからと、代金の方を頼みました。

約束をたがえずお米を運んで来ました。代金のほうも解決しました。親戚へも譲りました。長年東京住いをした私たちが、七年ぶり名古屋から帰ったばかりのあなたに、三日目からお世話になるなんて、申し訳ないと、皆さんがよろこんでくれました。大倉土木本社へお分けした時は、

「奥さん！　名古屋からいつお帰りですか、私どものほうから慰問に何かいたさなければならぬのに、さかさまにお米のお世話をいただくなんて申し訳ありません」と喜ばれ、会社のほうへ事情を話してすこし高く買っていただきました。当時として莫大な米の量でした。

米の運べない時は、手作りの味噌や、浜でつれた魚を持って来ました。

私の畑の菜っぱは芽を揃え、小かぶは白い小さな玉をのぞかせ、大根は間

引いて、もみ大根や、菜めしの材料になり、ほうれん草も本葉を出し揃えて、冬野菜の見通しもつくようになっていました。

とうもろこしの代用パン、さつまいもの配給と放出物資メキシコの赤ざら※の配給で、度々目黒通りまで行かなければならぬある日、目黒通りを歩いていると、元気のよい聞き覚えのある声をかけられました。ふり返ると、長年の出入りの肉屋さんでした。

一別以来の思い出話の後「今のお仕事何をしておられるか」ときくと工場へ勤めているが、しかし、店はそのまま時々肉の配給はあります。そうだ、二、三日のうちに配給があるけれど、配給するにはとうてい足りない分量だから、お帰りになったお祝いに持って行ってあげましょうといってくれました。勿論、そのようなことは、あてにもしておりませんでしたが、約束通りちゃんと持って来てくれたではありませんか。これにも全くおどろきました。春雨を水にもどし、焼き麩を豆腐の代用にして、ねぎをたくさん入れて同居の方たちと、ほんとうに久しぶりで銀めしで、すき焼をつっつき合いました。

こんろの火の暖かさ、肉鍋の匂い、すべるようにのどを通る銀めし、汁を

※赤ざら
赤ざらめ糖のこと

ふくんだ春雨や焼き麩の出合いのよさ、張りつめた心も、この時ばかりはゆったりとほどけて、ただただ食べる喜びにひたりました。「生きていてよかった」と思えるほどの一時でした。伜の小鼻に脂が浮き出して、皆で大声をたてて笑いました。

なた豆きせる※が、やにでつまって、ジュジュやにくさい音をたてるのさえ笑いの種になりました。

「紅茶にお砂糖と牛乳を入れ、白パンのトーストにハムエッグスを食べられる時が来るだろうか?」と話し合ったのもこの時でした。

それから数日後、また肉屋さんが肉を持って来てくれました。お礼はお米と、畑のもみ大根の葉でした。

しかし、これを元手にして小遣を得る道を考えようと思いつき、早速会社に電話をして、「すき焼に銀めし」はいかがですか、ただし、代金は〇〇いただきたいと申しました。「ほんとうですか?　早速飛んで行きますからよろしくたのむ」という事になりました。座敷をととのえ座ぶとんを敷き、野菊に水引草を一輪ざしに入れ、初日開店とあって篠岡村から持ち帰った小豆

※なた豆きせる
ナタマメの莢の形をした、延べ打ちのきせる。

で田舎しるこを作り、畑の小松菜のおひたしに、ごまをかけてお待ちしました。

これが私が食べ物でお金を得た最初のことでした。

ひとつの輪が回りだせば次の輪も回るのたとえ、それからは自然に車が順よく回って、私の仕事は休む暇もなく、続くようになりました。

肉屋の来ない間は、千葉の復員さんから鳥や魚を持って来てもらいました。いよいよ材料のない時は、厚焼玉子に大根の酢漬け、それに田舎しるこがつけば、どなたも喜んで来て下さるのでした。

そのうち、また次の事を考えだしました。配給のない暇をもて余している魚屋さんに、品川沖につりに行ってもらうことでした。これは素晴らしい思いつきでした。黒鯛の目の下五、六寸から七、八寸のものが揃って上りました。刺身、潮、塩焼、バタ焼、たくさんとれた時は、白焼にしておいて、煮びたしにしたり、鯛鍋にしました。

こんなある日、親の代から親交の厚い鮫島宗良氏が、大けがをした体を引きずるようにして、玄関に現われました。なんでも三宅坂を自転車で降りる途中、電車の歩道にひっかかり、はずみをくってなげ出された場所が、コンクリートの柱で、したたか肩の骨を打って、骨がくだけてしまったそうです。早速名倉※へ行って応急手当はしたものの、混雑する電車に乗る事も出来ず、自宅（鎌倉）から名倉へ毎日通うわけにもいかないので、どこか東京で泊る場所がないかと鎌倉へ電話をしたら、どうも長者丸に浜子さんたちが帰って来たらしいので、行ってみたらというのでたよって来た。逢えてよかった、さもなければこのいたい肩をかかえて途方にくれなければならなかった。二、三日医者通いの間だけごやっかいにならせていただきたいと、見るもあわれに身動きも出来ないありさまでした。

　びっくりするやら、再会を喜び合うやらで、珍客がまい込み子供たちも大喜びでした。宗良さんも日支事変中からの召集で、終戦まで御奉公した召集軍人でした。話は長い戦争の事、一雄、雄三郎の無事は喜び合ったのですが、芳子の身の上と、主人の行方不明には心から心配して、次から次へと話は尽きず、子供たちも共に久しぶり気のおけない人との思い出話に、時のたつのを忘れました。

※名倉
古く江戸時代から「骨接ぎの名倉」として知られた病院。

どうにか私が食いつなぎをしている事を聞いて、「よっさん（主人）が帰るまでがんばろう。肩の骨がなおったら何かいい仕事を見つけて上げるから」といって勇気づけられました。

一人でがんばってはいるものの力強いはげましは慰めでもありました。それが動機となって、私の仕事はだんだん本格化していく事になるのでした。

敗戦でどうなることかと案じていた米兵との摩擦どころか、白、黒、の米兵の腕には、大和撫子が得意顔にぶら下り、チュウインガムか何かは知らねど、モグモグ口を動かしっぱなし、動物的な人間のあらわな姿は、見よいものとは考えられませんでした。

十一月頃はあちらこちらで、ダンスパーティなるものが開場し始めました。せきを切ったような平和を待ち望んだ姿は、一挙に歓楽への道へつき進むかのようでした。

自由、平等の声は一時に日本国民を酔わせました。良いも悪いも、老いも若きも、階級をこえて、自由、平等を敗戦によって勝ち得たかのようでした。

新橋の西口、闇屋の雑とう、上野地下道の浮浪児の群、山手線の車内で、しらみ取りをしては座席を確保する悪知恵の男に、胴ぶるいして飛び降りたこともあったような、まだまだ生きるか死ぬかの見通しも未解決のままの敗戦日本に、自由、平等の声は取りかえしのつかぬことになりはしないかと案じたのもこの頃でした。

子供たちが戦争の虚しさから立ち上り、将来の希望を見つめて、生きる目的のために正義の道を歩み出すまで、私は見守らなければならないのでした。それには先ずそれに打ち勝つ力がほしいのでした。

心だけが正義であっても、それだけでは死ぬかもしれない国内状態でした。では何に力を求めるか？　金か？　物か？　権力か？　第一等国の日本国民の主権はみごとに国民みずからが捨てたのでした。物価騰貴で貨幣価値が下れば第一次欧州大戦のドイツ国民のように札束を抱えて餓死をするかもしれない。〝物である〟との私なりの結論に達し、自分の腕によって物を産み出し、それをその時代の貨幣価値に替えればよいと考えたのです。その安心さを後だてとして、子供たちはそれぞれの道を精神的に立派に歩み出せればそれで良いと考えたのでした。

そうした中に終戦後、初の正月を迎えました。おもちもつきました。玉子焼も焼きました。豆きんとんも煮ましたが、日の丸の国旗が出せない事がなんともくやしゅうございました。孫子の末代までも無益の戦争など国民の力でとめなければならない、否、否、地球上に戦争などあってはならない。世界平和を望むの念が切々でした。

教育再開は米国の占領行政化で方針がきまり、進学の見通しがつき始めました。各大学の入学試験の願書受付が発表されました。一雄の中学時代の友人たちは次々と上京して入学のための準備を始められました。米持参で入学試験臨時下宿屋化したわが家は、学徒動員に外地に出動出来なかったために生き残ったあの子もこの子も立派なおとなになり、名古屋時代の思い出話に時を忘れるのでした。幸いに全員、目的の学校へめでたく入学されたのは私にとっても喜びでした。

一雄は上智大学へ、雄公は高輪中学へ編入学いたし、家からも二人の学生が通学する姿を再び見る事が可能になったのです。

庖丁片手の真剣勝負に明け暮れる

あなたいい所にほくろあるじゃない？　一生着る物に不自由しないんですって、と首筋のほくろをほめられたり、耳たぼのほくろは運がいいそうよとか、そんなこと迷信と思いながらも、ちょっとひっかかりたくなる言葉です。

文なしの私に食べ物がついて回るこの不思議はいったいぜんたい、なんなんでしょうか？　口の回りのどこかに食べ物運のほくろでもあるんじゃないかと、鏡に向かったついでに、眺めさがして見るのですが、それらしいほくろの影も見あたりません。それじゃあ、生まれつきの食いしん坊が引き寄せる引力かな？　どうした回り合わせで、降ってわくように物資が文なしの私の前に現われるか、未だに不思議に思えるのでした。戦争中から戦後にかけて続いた統制経済は、生活必需品のほとんどすべてが配給制で、米、麦、味噌、醤油、油、酒、タバコ、繊維品はもちろん、野菜、魚、肉、いっさいが切符制で、主食の配給は隣組単位できめられた時間に、集団で配給所まで取りに行くだけでもたいへんな労働であり、めんどうなことでした。特に、老人ばかりの家庭、病人、乳幼児を抱えた主婦たちの苦労は一通りや二通りではなかったのです。

そんな中にぽっこり現われる物資であってみればどうして？　と思わずにいられないのが当然で、物資が手にはいってそれだけを、右、左に動かすだけでもどうにかなった時代に、その物を更に加工して金に換えれば、それ以上の利得が生じるのが当然、そうしないほうが馬鹿というもので、お金がなくても物さえあれば金以上の値打ちがあったのです。銀貨や銅貨は金ですけれどおさつじゃあ紙ですもの、値打ちがないわけだったでしょう。安心しておしるこ屋さんが出来るような物まで回ってくるのですから、統制経済といってもおかしなものでした。闇物資というものはおそろしいものとさえ思いました。世の中は私たちの知らない場所ではかり知れない大きな力で、何かが動いているのだと感じないわけにはいきません。国を動かす力、国と国との流通力は、及びもつかぬ魔力なのでしょう。地に足をしっかり着けて、その何ものかを絶えず見通す努力をしなければ、いつの時代だとて所詮生きてはいけないでしょう。

闇を絶対にされず配給だけで生活されたため、ついに栄養失調で亡くなられた先生の事をめぐって「闇」是か非かが論ぜられ、巷の話題をにぎわしたのも、やはりその頃であったと覚えています。

思えば配給制度は、泣くに泣けぬ、笑うに笑えぬ人間模様をえがきだしました。

ある家庭の御主人は、恩賜の銀時計という大秀才でありましたが、日常生活は平和な時代であっても、何かしら普通人とちがう偏屈なところがありました。人間は危機的状態において本性を現わすとか、まさに法則どおりと申しましょうか。育ち盛りの子供がいるにもかかわらず、闇買いをいっさいゆるさず、配給品は家庭内でまたあらためて各自に配給され、物によってはこれをタンスにしまって、鍵をかけるという徹底ぶり、奥さんは炊事の都度、定量を徴集しては調理をし、やり繰りつかぬところは自分と子供の分をくやしいながらもへずって使うという始末、それを知ってか知らぬか、平気の平左でぱくつく亭主のにくらしいこと、頭のひとつもひっぱたいてやりたいと脂気のぬけた髪、つやの失せた皮膚、入れ歯のない薄い口許、紺がすりの手製の足袋、それでもユーモアを交じえてにじり寄りながら、銀時計が聞いてあきれると、亭主殿をこき下したこの人が健気に見えた事……。思い出ついでにうそか誠かこんな話も聞きました。

さるやんごとないお方様が、さし迫る食糧不足に耐えかねて、いもの買い出しに書生をお供に出かけられ、たずねたずねて目的の品を手に入れ、帰途につかれた頃は、すでに日もとっぷりと暮れなん頃、馴れぬ田舎道をリュックの重みに疲れはて、どこか一息入れたいものと、えらんだ小屋は何をかいわん、田小屋※であったそうな。さしかけ小屋のコンクリートと見違えられてやれやれと腰をおろされたから、ひとたまりもありません。重石を負ってさかさに沈んだも同然、翌日、ニョッキリつき出た四本の足を見つけた農夫の

※田小屋
田の畦に作られた、肥料にするための糞尿を溜めた壷の小屋。

おどろき、帰宅されぬご主人様を案じた家人の大さわぎ、もしもこれが事実であったとしたら最大の悲劇ではないでしょうか？

事実、配給だけでは泣かず飛ばずで、ヒクヒク生きているだけなら身が保てたでしょうが、働くほどの活力は到底得られませんでした。ともすれば足のほうから骨になってくるような不安にかられ、世はさまざま、人さまざまがむき出しになり、人生道場の冷たい板の間に坐らせられた思いがしないではありませんでした。

当時私は四十歳の初期、幸い健康に恵まれ、何事にも興味が持てる性分で、人間の出来る事ならなんでもしてみたい気持でいっぱいでした。自分自身の生活をしていく事にはなんの不安も持っていなかったような気がします。よく働いて、よく食べて、よく笑って、よく寝ることだけで大満足でした。

二十一年の早春だったと思います。骨折の癒えた鮫島宗良さんが当時のお礼に見えました。

「宗良がたいそうお世話になりありがとうございました」と、御母堂様から銘仙の夜具地と敷布を持たせておよこしになりました。いつになっても変わらぬ行き届いたお心尽しに、かえっておそれいるばかりでした。

まれにみる立派な母上で、私の十二、三歳の頃からお隣同志で暮し、子供心にも、えらいお方と尊敬いたしておりました。娘となり、辰巳へ嫁いでからも、この母上にどんなに沢山の勉強をさしていただいたかはかり知れないのです。すべて若い者をわが子のごとく寛大に愛する寛さと、若者の意志を尊重されて見守ってくださる大きな愛の見識の豊かさは、まことに立派でいらっしゃいました。

「この母にしてこの子あり」と申すのが、このような親と子をいうのだろうと思われ、まがりなりにも私たちが真似をしなくてはと思うのでした。

苦しい時、困った時、飛んでいってはご相談するのでした。言葉少なくはげまし、慰めていただき、一、二時間ゆっくりなんにも考えずに休んでいらっしゃいとおっしゃっては、もの静かにご自分のお仕事を続けたり、約束があるので出かけるけれど気のすむまでいていいのよと、お茶やお菓子を置いてお出かけになるのでした。小柄な後姿にさえ、慰めと安らぎを感じさせるようなお方でした。静かに自分の事は自分で考えよというおつもりなのでしょうか。無言の愛情で見つめてくださったありがたさを、今も私の「心の玉」としております。

「話をひとつ持って来て上げたよ。サンドイッチを作る見込みがありますか?」

「ない事もないけど、どのくらいの量ですの」

「じつはダンスパーティのためのサンドイッチなんだ。二百人前は必要だというけれど百人前の時もあるらしい。一人前キャッシュで百円、サンドイッチと即金取り引きで、先方から取りに来るので運ぶ手数はいらないのだが、やるとすればいい仕事と思うけれど?　やってみたら?」

確答を二、三日待っていただいて、白いパンと、バターの入手の問題を解決しなければなりませんでした。

その当時の配給パンは、とうもろこしの、コツンコツンで、黄色くてちょっと異臭があって、見ただけでガッカリするようなものばかりでした。

何かの調子で進駐軍のまっ白い柔らかいパンが手にはいろうものなら、これがパンという物なのよ、ちょっと私に持たせて、おれにも匂いをかがせろよ、まあこんなに白くて柔らかくて、昔こんなの食べていたのが不思議だわと、それはそれは大さわぎだった時代だったのです。

百人前のサンドイッチの白パン？　はて？　さて？　どうしてひねり出すか？　なんとか実行してみたい意欲と、欲の道づれ、とにかくパン屋に相談してからと、その夜は早寝をしてぐっすりねむりました。

翌朝、パン屋に出かけ相談しましたら、「粉さえあればいつでも、いくらでもお焼きしましょう」と引き受けてくれました。さてその白い粉は？

「製粉所はこの近くではどこでしょう」

「五反田にありますよ」と道を教えてもらいました。その足で製粉所を訪ねました。

「小麦さえ持ってくればひいて上げますよ」

やれやれこれで白いパンは出来た！　と確信しました。五反田からの帰り道は元気モリモリ足並も軽く「上を向いて歩こう」の歌そのものでした。一人前ずつの紙に包まれたサンドイッチがうず高く積まれるのが目の前に見えるようでした。

千葉の復員さんの来るのがこの時ほど待ち遠しく、待ちわびました。住所も聞かず、名前も知らず、ただ千葉さん、千葉さんと呼んでいただけなのですから、千葉さんのほうから来てくれないことには、なす術もないのです。

やっぱり千葉さんが来てくれました。小麦は手にはいりました。さっそく製粉所に持参して、白い粉となり、パン屋に運ばれて、白いパンになりました。どんなパンに焼けるか試験的に二、三本焼きました。

とうもろこしのパンで明け暮れているのですから、私たちにとっては悪かろうはずがありません。

いよいよ注文を受けて取りかかる準備完了。さっそく電話をしてお引き受けする返事をしました。帰京直後、目黒競馬場の前の、父の時代からおなじみの種屋さんに行って、ニラや、パセリの苗を分けてもらい、赤かぶの種も求めて播いたのが良く育って、可愛いルビー色の小かぶが晴れてお役にたつのを待っていました。

なぜかしら私は紙が好きで、半紙、糊入、奉書、西の内、千代紙、折紙、その他手漉きの紙をただなんとなく買っていたのです。ラシャ紙、パラフィン紙なども買ってありました。そのパラフィン紙がサンドイッチのために役だつとは、この紙がなければ一人前ずつにする事は出来ませんでした。

サンドイッチを午後一時に渡すためには、前日にパンの用意をして、翌朝五時頃からパン切りを始めなければ間に合いません。手伝ってくれるのは芳子一人ですから、伜どもは、やれすごいなあとか、いい匂いとか、ちょっとそのはしを食わせろとか、曲がって切れ（切れそこなうと自分たちの口にはいるので）とかじゃまになるばかりで、狭い台所はてんやわんやでした。

パンを切り終ると、右手は二の腕から充血して赤味を帯び、人さし指はぴいんとつっぱったまま、曲がらなくなるのでした。わき目もふらずサンドイッチに取り組んで全部をし終り、山と積まれた包みは紙を通して赤かぶとパセリがのぞかれ、心あたたまるような出来ばえでした。どなたが召し上ってくださるかは知らねども包みを開けて喜んでいただけるかと、仕事の出来上った喜びは何にもましてうれしく愉快このうえありません。

サンドイッチの注文を受けた日は、なるべく家でのお客様をおことわりするのをたてまえにしてはいましたが、材料の都合やおことわり出来ないお客様もあって、そんな時は、一服する暇もなく夕方のための仕度に取りかかるのも度々でした。

サンドイッチはほんとうにいいお仕事でした。作って出してさえしまえば後かたづけはひと休みしてからでも出来ましたから。お客様は、作ることから、座敷の掃除、玄関前の水打ち、食器の出し入れ、後始末、そのうえサービスもしなければなりません。

すべてが一人役者の一人芝居、台所手前まではモンペ姿もかいがいしく、お座敷手前に取り進む寸前に髪をなでつけ、鼻の頭をたたき、帯付のお召替えと早変わり、俎板の前での真剣勝負では口は真一文字に、目がすわっていても、玄関へのお迎い付けは、柔らかく肩をおとして、笑顔で、「どうぞ」「ようこそ」と指をつかなければなりません。

一品、一品のお運びも立居くずさぬ折りかがみでは、御飯になってお漬物が出、お湯飲みに番茶をつぐ頃ともなれば、さすがの私も膝がガクガク鳴るようでした。
そんな日の連続の中でも、奉天※にいるはずの主人の安否がなにより気にかかる事でした。過去の満州国に対しての日本政府の行政のあり方、軍部の強権は敗戦後の在満日本人の立場をどれほど不利にしているかわかりませんでした。ぬれ手でアワ式のソビエトの出方から推した、その占領政策下において、前向きの事しか出来ぬ清廉潔白な主人はどうしているかと思うと、海を歩いても渡って行きたい思いにかられるのでした。たとえ前につんのめったとて、血をはいたとて、日本の土地のわが家の畳の上で、三人の子供に囲まれているわが身の不足は申せません。異国の空で一人淋しく生きているか、死んでいるかもわからぬ主人を思えばどんな事をしたからといって、主人の苦しみに引き合う苦しみはないと思って勇気をふるい立たせていました。

いそがしい暇を盗んでは、買い物に出かけるふうをよそおって会社へ安否をたずねに行くのでした。お父様の安否を聞きに行ってくるといって出かけ

※奉天
中国の、現・遼寧省の審陽。

れば帰ってからその返事をしなければなりません。いい返事ならともかく、聞かせたくないような返事で言わず語らずの不安におびえている子供たちの頭を、このうえ玄翁《げんのう》でたたく必要がありましょうか？　悲しい事は私一人でたくさんです。最後の最後まで、お父様は必ず元気でお帰りになると望みを失わせたくなかったからでした。

会社の門をくぐるのは、いつも気持いいものではありません。顔見知りのだれさん、あのお方、このお方皆生きて歩いている。「なぜ家の主人がこの中にいないのだろうか？」そんなふうに思えるのです。行きずりに挨拶されてもなにかしらじらしく受けとれるのもひがみだったのでしょうか？　やっぱり来るんじゃなかった。白か黒かはっきりするまで決して来ないぞと、心でりきみ返るのでした。重役室に通され、私の顔を見にくそうに話しだされる社長さんの気配に、「これはなにかあった」と察するのでした。

「じつは満州から連絡がありましたが、長期在任者の方々並びにご家族の安否は大方わかったのですが、辰巳さんは終戦直前のご転任のため、顔を知っている人が限られているので、密行同様にして、口述を持って連絡に来た人の口からは、辰巳さんの安否がはっきりしなかったのです。あと、二、三日いたしますと、また連絡があるはずですから、その便までお待ちいただきたい」

周到なご手配にありがたく頭を下げるばかりでした。

五大財閥のひとつとして解体の最中の会社は、前代未聞の混乱に遭遇し、私ども女、子供には想像も及ばぬ困難に直面していたのです。山積された諸事は、なにから手を付けてよいか、ほどこすすべもなかったでしょう。人一人、一家族の興亡さえ易きではないのに、大きな組織がくずれ落ちるありさまは、尋常一様の事でなく、これを大事と申すのでしょう。国の滅びゆくさまはこうしたものかとひしひしと胸に迫るのでした。

万が一の覚悟は、昭和十一年日支事変の勃発、その年の秋の応召の時、身に沁みたはず、なにを今さら迷ってはさめ、さめては迷う自分に、これが人間というものかと自分を苦々しく思いました。

「さあさあ元気を出して！　みっともないぞ」と、自分で自分をはげますのでした。

財閥解体、経済封鎖、新円の発行と、次々に行政は改められました。

手持の金は物に換えてしまった私には、新円を得る道がありません。主人が生きて帰って来て、会社へ新円の相談に出かけたなどと聞いたら、目の玉が出るほど怒るとは思いましたが、いかんとも方法が立たず、勇気を出して会社へ出向き、一人あたり百円の新円を家族数（母、芳子、一雄、雄三郎、私）五枚、つまり五百円也ご都合していただきたいむね、社長様に御願いに上りました。その時の社長様のおどろき方は私のほうが面くらい、今でもその時の社長様のお姿が忘れられません。

「それでは辰巳君が渡満されてから今日まで、月給はどうされておられたのですか」「はい満州から送金すると申しまして出たまま、交通遮断で一回の送金もございませんのです」「いやいやこれはまことに申し訳ない不注意でした。会社も混乱中とは申せ、それで今までどうして生活を立てておられたのですか」「おかげさまでどうにか食べておりますから、ご安心くださいませ」

「いや全く申し訳なかった」と社長室のテーブルに手をついてあやまられ

たのでした。

快く、五百円をいただきました。これで主人にしかられることもあるまいと胸をなでおろしました。昭和十二年日支事変勃発直後、近衛第一師団に召集を受け、シナ大陸の戦闘に参加して、その時戦死していたとすれば、もはやその時から会社とはご縁は切れたも同然、国のために命を捧げたとて、無形の名誉、遺族は社会の一隅におかれて生きていかなければならないのです。その時から覚悟はしてあったはず、女の細腕なりとも夫から残された三人の子を養育しなければならぬ責任は私のもの、国家、社会も今滅びるか浮かび上るかの瀬戸ぎわであってみれば、だれにどうおしりを持って行ったとて持って行くほうが間違っているのです。自分にふりかかった火の粉は自分の手でふり落として消すよりほかに方法もないのです。会社の玄関を出ようとしたら、呼び返され、社長室にもどりました。

「今満州からの連絡があって、辰巳君はお元気で奉天の満州大倉土木のビルにおられる知らせがありました」と、初めて主人の安否がわかりました。安堵に胸をなでおろす感じでした。しかし、喜びとはなりませんでした。よしんばそれが確報であったとしても、日本の領土に足を踏み立ったのを見とどけなければ、安心とはならないからです。

アメリカが八月六日に広島に世界最初の非情無比な原爆を投下し、息の根のつまる思いの最中、八月九日時のソ連指導者スターリンは、宣戦の布告をしたのです。三国同盟のドイツがスターリングラードに攻め入り、あと一息で陥落寸前、日本に対してソ連を後方から突いてほしいとの申し入れがあったのです。その時日本は日ソ不可侵条約を結んであるため、ドイツの申し入れを断わりました。

もしもあの時日本がソ連を後方から突いていたとしたら或いは世界の歴史は変わっていたのかもしれません。あくまで紳士的な国際条約を厳守した、その日本に対してのソ連の背信行為は、寝耳に水の痛恨事で、「臍《ほぞ》をかむ」思いとはこれを申すのか、全くこれですべては終ったと観念のまなこをとじざるを得ませんでした。「これが日露戦争のしかえしとはよくぞほざいたり」見さげはてた国際的背信行為でありました。

アメリカの広島に投下した原爆と、ソ連の宣戦布告と、この二つは日本国民の忘れてはならぬものと私は信じております。

そのソ連の占領下にある主人の命を、だれが明日を保証し得ましょうや。生きていると聞いたとたん、私は新たなる恐怖を覚えるのでした。ぬか喜びにならぬよう、短気を起こさず時の来るのを待ち給えと祈るばかりでした。

悲喜こもごもの落ちつかぬ心で新橋駅のホームに立ち、西口の闇市の人の雑踏を見るともなしに眺めていました。

東京方面行上り電車が浜松町方面から突進して来ました。後方の車窓から、若い男の首がかなり出ていました。新橋駅のホームに曲がるカーブに鉄柱が立っていて列車のすれ違いの間隔が非常にせまく、常に危険な場所とにらんでいたのです。「あの首早く引っ込めないと、あのカーブあぶないぞ！」と思う間もあらばこそ、電車は構内にすべり込みました。心配した首が引っ込んでいるのでやれやれと安心しましたら、さにあらず、窓から西瓜が真二つに破れたかと思われるような赤い玉のかたまりがのぞいているではありませんか！　停車と同時に人々の異様な動き、別の窓が開けられて「オーイ！医者、医者」「オーイ、警官、警官」とさけぶので、あの赤い西瓜は、あの首だったと気がつき、思わずゾーッと頭のてんぺんから足先までふるえました。目をつぶったまま後向きになり、あわてて目黒方面行きの省線に飛び乗り、ただ瞑目を続けて家にたどりつきました。「主人の安否と、あの首」終日心は沈みました。この大戦争に生き残り、大切な命を自らの不注意により捨てるような事をしでかしては、お国に対してもまことに申し訳ない次第、どうぞ命を守る勉強をおさおさおこたらぬようにと、子供たちに言ってきかせ、お父様の存命の報告をきいて子供の顔は喜びにかがやきました。今日よりはいっそう、主人への陰膳《かげぜん》へのはげみも増して、寂しそうな写真が、今日は笑って見えるのもはかない心の影とも申しましょうか？

新円を皆の前に並べ、これで今日は日本全国民は一列一体金百円也でだれもが再出発、この金の使い方ひとつで明日から差が生じるのです。心して、生き方をさらに定めなくてはなりません。落伍するかしないかは、あなたたちの良識と行動によって定まるのです。お父様のお帰りになるまで、皆病気をしないで元気にいましょうと語り合い、はげまし合うのでした。

こうしたきびし日々であっても、うれしいことや、たのしいことが身の周りを取りかこんでいました。そのひとつはお謡のお稽古でした。

帰京後間もないある日、素晴らしいお謡の一節を聞いたのです。張りつめている心にほのぼのとした日本を感じ、時雨にぬれた石、しっとりと緑の色を増した苔を見つめて、しばらくは幽玄の世界に引き入れられるようでした。肩のしこりがいつの間にかほぐれて、われを忘れるのでした。これはただ人のお謡でない、「芳子ちゃん、今お謡聞いた?」「近藤様（同居人）のおじ様らしい」はたしてそうでした。立派なお謡を聞かせていただいたお礼を申し上げました。

ご主人様の行方がわからずあなたたち親子さんの懸命な姿を見ていては謡などと、ご遠慮申していたのに思わず口に出たものを、そのようにほめていただき喜んでいただいてうれしいとおっしゃりながら、事の由来を話し出されるのでした。

六歳の頃からお稽古を積まれ、十二歳の時天覧の御前能をされた由、かつては金剛流の職分をされたお方なのでした。ひとつ屋根に住むのもなにかの縁と、お暇の時お稽古を願いたいと申し上げ、芳子は仕舞をお教えいただく事になりました。思いもかけぬ大先生をお抱えでお稽古が出来るなんてぜいたくこのうえなしの好機に恵まれたのでした。なにより困るのが私のおさらいでした。声を出さなければおさらいになりません。お教えいただいたところをおさらいすると、つつ抜けに聞こえてしまうんです。それを聞かれると先生はいたたまれず直しにお立ちになるので、恐縮するばかりでした。お留守をねらっておさらいすればよいのですが、日中は仕事におわれるのでままならず、それでも一本調子の早足からお経に聞こえるようになるには四、五番も上ってからでした。二十一年の春頃から世の中も平静を取りもどし、散り散りになっていた人たちの音信も行きかうようになり、職分の方たちのお集まり場所になって、同好の士のお集まりなどが催され、終日幽玄の空気に包まれて、※おしのぎの仕度をしたり、お茶の番をするたのしみを味わいました。

戦後最初のお能が神田共立講堂で催され、先生と奥様のお供をしたり、玉川の能楽堂へも連れて行っていただいたりしました。

※おしのぎ
軽食のこと。

気の練れたおやさしい先生で、奥様とともに陰になりひなたになって助けていただきました。口ぐせのようにあなたたち親子さんのため、すこしでも早く家を見付けて引越し、部屋を空けてあげなくてはならないとおっしゃってくださり、当時の住宅難にもかかわらず、あちらこちらとお部屋をさがしておられるようなお方たちでした。

こうした最中、妹の主人が大陸から復員して来ました。目黒駅前の公衆電話からで待ちに待っていた義弟の声を聞いた時の喜びは、天にも上るようでした。百合子は？　滋は？　元気でいますか。どこに住んでいるのでしょうか？　よく帰って来てくれた、よく帰っていらっしゃった。今すぐ目黒駅まで飛んで行くから元気な顔だけでも見せてちょうだいと、妹への連絡をすませて飛んで行きました。普通に歩いて十五分ぐらいかかるところなのに、どう飛んで行ったか自分でもわからないほどの早さだったようです。

「やあお姉さん元気で帰りました。感、無量です。それにしても、今お宅から来られたのですか？」

「そうよ今電話でお話ししたばかりじゃない」

「それにしても早かったですね。今電話切って、ボックスから出たらもうお姉さんが立っているのでぼくおどろいちゃった」そのくらい早かったらしいのです。親一人、子一人になって主人の帰りを待ちわびていた妹の家に、これでやっと日がさしたとの思いで私はうれしくて、うれしくてなりませんでした。可愛い盛りの滋ちゃんがこれでどんなにのびやかになるでしょう。一緒に妹の家まで見送りかたがたついて行って喜びあいたい思いにかられましたが、親子三人水入らずで思うぞんぶん再会を喜ぶのが何よりと、目蒲線まで見送って別れました。ほんとうに思っても、思っても喜ばしい、うれしい日でした。

春のきざしは
わが家の庭の一木一草から

師走の月を迎えて冷たい風が吹き荒れる日は、この冬の暖房はなんでとろうか？　いちばん経済で合理的な方法は？　と考える日もあったり、年の暮とは思えぬほど静かな小春日和には、そんな事も忘れて、日あたりのよい縁側のガラス戸を開けはなして、すくすくと育っている小松菜や、ほうれん草を眺めては、木炭なしで冬が越せそうな錯覚に陥ったりしていたある日、聞き覚えのあるなつかしい声が、玄関から響いて来るではありませんか？

私よりひとつ年下の釧路のいいとこでした。道産子というのでしょうか。上京する度に秀逸なエピソードを二つ三つ残していく人で、接しているだけで、こちらのほうが豊かにのんびりとなるほどの人柄で、そのおとぼけ上手はこれがいとこかいな？　つめのあかほどでも真似したいと、わが身のこせつきが鼻持ちならずうとまれるのが常でした。

お互いにだきつきあわんばかりのうれしさで、「ちょっと！　どうしたの？」と「あなた生きて会えてよかったね」と思いは言葉にならず笑いあいながら目の涙をふくのでした。

「芳子ちゃん、一雄ちゃん、雄ちゃんもみな元気で帰って来てよかったよかった、なにも言う事ない、和合しているだけでたいした幸せ。ありがたい事ですよ。芳雄さん（主人）だってきっと満州で生きておられますよ。そのうちきっと帰って来られるし、この家が焼け残っているし、さかさになって働いたっておつりがくるというものよ。死んだ人の事を思えばばちがあたりますよ」

考えてみればじつにじつになんともったいない戦争をしたものでしょう。死ななくていい人がどんなに死んだでしょう。何がもったいないといって、人が死んだのがいちばんもったいない事でした。

本気で竹やり訓練をしたり、芳子が風船爆弾の勤労奉仕に動員された話やら、応召された一雄は鹿島灘の砂浜にたこつぼ式穴を掘って、爆薬を抱えてそのつぼにはいり、上陸戦車に向かって飛び込み爆死する訓練をするしか方法のない、はりつけ部隊に属していた話など、尽きぬともはてぬ話に一夜を明かしたのでした。お互いに初めて聞く戦争の悲話、珍話に泣いたり怒ったり笑ったりして、少し胸がすうっとしました。

「おや、あなた！　やったわね。野菜の自給自足を、どうにか格好ついているじゃあないの。でもこんな東京じゃあしようがないじゃないの。北海道広くていいわ。釧路へ来なさい！　釧路は北海道での不凍港で、これからたいへんな発展をするところと思われますよ。どういうわけか、鰯や鮭の魚群が少なくなった昨今、今まで北海道に見られなかった鯖の大群で、その水揚げの量はすさまじいもので、たいした活気に満ちています。けれど、食べつけない鯖の大量をどうさばいていいか方法がなくて、どうした方法で貯蔵したり、市販したらいいのでしょうか、いい考えはないでしょうか、罐詰にするにしても工場の設備が、鮭、くじらのための設備なので、急に鯖にきりかえるわけにいかず、罐詰にするとしたら、どうしたらいちばんいいかしら？」

「水煮以外にないでしょうよ。水煮にさえしてあれば、なんにでも調理の方法がありますもの。私もいざとなれば北海道でもどこへでも行きますけれど、芳雄の帰って来るまでここでがんばりますよ。それにしても、今度の上京の目的はなんだったの」

「釧路の繁華街に地所があって、そこに映画館を建ててみようという話で、洋画のフィルムの交渉にやって来たのよ」

つめの先に火をともすような、みみっちい己が身を粉にして働く事しか知らない私の貧乏性とは、けた違いな物の考え方にどぎもを抜かれました。持てる者と、持たない者の構想の開きをこの時ばかりはひしひしと感じました。

夜がふけるにしたがい暖房設備のない東京の冬は、釧路より寒いという話から、ストーブの話に移り、調子のよい薪ストーブのひとつ使わないのがあるから、薪さえあれば使いなさいと勧められ、翌日荻窪のいとこの東京宅へもらいに行きました。煙突屋をさがして煙突を付け、ストーブ台をおいて畳座敷に薪ストーブがでんとすわったのは十二月の半ばを過ぎていました。子供たちを呼び集め同居の人たちも集めて、いよいよストーブの試運転、マッチの火が新聞紙へ燃え移りました。煙突の吸い込みも快調で、パチパチと火は薪に燃え移り、ゴーッと音を立て勢いよく赤い炎が燃え始めました。顔がほてり始め、部屋が暖まるのに五分とかかりませんでした。手も足も思わずのびのびとして、背中のしこりも暖かさで自然にほぐれいくかのようです。炎の色、薪の燃える音、木の香り、火の喜びとはこうしたものかと、人類が最初に火を燃した感激はいかばかりであっただろうかと、思わず考え及ぶほどの喜びでした。

ストーブの周りのだれの顔も赤く輝いて、大喜び。さっそく、いとこのおみやげの南京豆をストーブでいり、お茶などわかして、冬がたのしくなったと勇気百倍でした。

木炭ひとつが不自由なその当時にしてみれば、全館暖房の設備がそなわったような価値に等しかったのです。このストーブの暖かさはいつとはなし一人、二人と人々が集まり始め、ついには戦争に疲れはてた若い人々のいこいの場所となり、一雄、雄公（雄三郎の愛称）の友だちの集会所となって、連日、連夜、ストーブの周りは夜のふけるまで、或いはそのままそこへごろ寝をする人まで出て来るように相なりました。

敗戦の重荷で前途の見通しもつかぬままの国を見つめて、空虚な心をいやすすべもない若い人たちの姿を見ては、せめて、この場所だけでも暖かくしておいて上げたいと願わずにはおられませんでした。パンの耳を油で揚げて砂糖をふりかけたもの、大学いもぐらいがご馳走でしたが、ただなんとなく、いつでもだれかがたむろしていました。夜ぴいて薪をたき続けたのでは一ヵ月も持つか持たぬか？　いざとなれば物置をぶっこわして燃したとしてもおかしくはないが、薪のたきのばし方法はないものかと考えました。

そうだ篠岡村の養蚕時の保温の方法を取り入れてみようと思いたちました。それというのは爆弾による大空襲で名古屋の家がふき飛ばされ、ようよう罹災証明を入手して篠岡に疎開したのが四月上旬、ちょうどその時、初めてお蚕様のはきたてを見ました。白い台紙にけしつぶのように光るのがお蚕の卵で、かすかにうごめいていました。毛虫や、はだか虫がだいきらいな私は、疎開させていただいた永井様のお蚕様ゆえ、ブルブルふるえながら、感心したような顔をして、お蚕さんが好きそうな相づちをいわなければなりませんでした。これが絹の着物になるんだぞ、お前は絹の着物がだい好きじゃあないか？　皇后陛下もお手ずから蚕をお育てになるのだぞ、といいきかせながら……、「私もお手伝いさせていただきたい」など、心にもない事を口にしたのですから、人間の浅ましさなんていやなものです。思えば涙ぐましいほどのあわれさでした。それにもましておどろきは、住いが全部養蚕室に変わり、部屋の中央縁の下は、長い長い炉のしかけになっていて、生木の太い丸太を仕込み、この上にもみがらをぎっしりつめ込み、これに火を付け、ぶすぶす絶えず燃やし続けるのです。蚕の成育の終るまで、一度も手をふれることなく、暖かさを保ち続けるのです。部屋ぐるみ、カイロを入れたようなものと思えばいいのでしょう。原始的セントラルヒーティングとでもいいましょう。火事の心配、あれだけの多量の燃料からくすぶりだす炭酸ガスは、人体やお蚕さんに害がないものかと不安の思いが、ひとつのしこりになって、これの保温を電気によって出来たなら完全だろうと思いながら皆様の作業を見ておりました。

生の丸太はもみがらでむし焼になって、木炭の状態になって暖まるのです。これを思いだしたのです。幸いストーブに煙突がついているので、空気の流通の調節さえよければ生薪のむし焼が可能かもしれないと考え、米屋さんからもみがらを買って来ました。

早朝御飯炊き、湯わかし、味噌汁作りの時は景気よく薪を燃やし、子供たちが起きる頃部屋は暖まり、湯はたぎり、味噌汁の匂いに食欲をそそられる雰囲気になっています。

朝食がすむと、生薪を足してもみがらをいっぱいつめて、ストーブの口をかすかに開けておくのです。

午前九時を過ぎれば寒中といえど東京の寒さなどからだを動かしてさえおれば堪えられぬというほどのものではありません。お客様でもおいでになった折は、下の口を全開すると、もみがらの表面が一皮思い出したように炎を上げて、日中の暖はそれで充分でした。生薪は夕方までに姿のまま木炭になって、それがまっ赤におきているのです。切り炉の灰を深く掘って、そのおき火を充分いけ込めば、こたつは夜の仕事が終って一休みするには十二分でした。

夕食がすむ頃は、玄関が開いて、勝手知ったる青年たちが一人二人と、こたつに入ったり、ストーブのふちに坐ったり、しゃべる者や、無言で聞きいる者や、いとも自然ないとなみの場所として、ストーブの不用となるまでの薪の消費の見通しのついた私の安心を知ってか知らずか、それを眺める私一人の自己満足でした。

もみがらをたく事によって、畑の草木炭はお座敷製の最高級品、一挙両得とはこんな事をいうのでしょう。

篠岡村の見たり聞いたりがこんなに効をそうするとは、まことにありがたい事と篠岡村の方向に感謝の頭を下げるのでした。

「火への喜び」、「水への感謝」、「空気の恵み」を都会育ちの私たちはあたりまえの事として、親からもこれほど大切なものとは知らされていなかったのです。

八十八回の手数がかかるので米という字が出来た、一粒のお米を作る事も出来ない私たちは、お米の一粒でも粗末にしてはばちがあたるとは教えられましたが……。

自然を見直し、自然の恵みに感謝をする機会のあたえられた幸いを四十歳を過ぎて知ったのです。今からでもおそくはない。六十の手習ということわざもある。もう一度すべてを根本から見直す勉強をしなおさなければならぬと気付いたのは、或いは戦争のおかげかもしれません。

日本は戦いに敗れたりといえ、こうして洋々たる人生のやり直しの夢をえがいて胸をふくらませるのでした。

ストーブの周りの青年たちは、善意の真心を持って立派に立ち上るのでした。無秩序な世相は物取り、おいはぎ、ひったくりが出没して女の夜道の一人歩きはもちろん、男の一人歩きも物騒でした。夜警が青年たちで自発的に行なわれ、電話連絡で日暮れ時の夜道の送り迎えもすることになって、長者丸の婦女子は大助かりをしました。いもの配給などは青年たちが一団となって取りに行ってくれました。

運動具を持たない中学生や、おもちゃを持たぬ幼児たちのよい遊び手となり、家事におわれるお母さんの手助けになればといって、勉強のおさらいの参考書を集めたりして急造の寺子屋が出来ました。また、白金自然公園を利用して植物、小鳥、動物の観察をしたり、多摩川にハイキングに連れて行ったり、柵がこわれて危険な省線の土手の杭を直し、ピラカンサスの苗の植付けをするなど、それはそれはよく活動していました。

女子青年も加わるようになってからは、自然公園を借りて運動会が催されたり、スクエヤーダンスが長者丸にお住いの三笠宮様の音頭取りで始まったのは、夏の頃からだったでしょうか？　幼稚園で催された長者丸青年会の演劇、シェークスピアの『真夏の夜の夢』の劇中劇は、御臨席なさった三笠宮御夫妻も、戦争以来こんなに笑ったのは初めてと、前の椅子にしがみついてお笑いになったほどで、全くその出来ばえの素晴らしさは、満場、破れんばかりの笑いのうずにまき込まれ、お腹の皮がよじれました。あとにも先にも、こんな面白いお芝居を見たのは初めてでした。これらの青年たちは今は四十近くなり、家庭にあっては良き父親、社会においては中堅の社会人として、地に足をおろし、今日の日本のため、明日の日本のためにいそしんでおられます。

わが家の春のきざしは、庭から現われ、いとも健やかに、一木、一草たりといえど、天地の恵みをすなおに受けてわが道を行くかのようです。三つ葉、パセリ、サラダ菜、小かぶは年を越し、紫蘇、みょうがの芽も美しく、地境の御料林の土手には、甘草が芽を出していました。きゅうり、茄子、トマトも南側の暖かい場所にかこわれて、可愛い芽を揃えています。丁字のつぼみもふくらみ、桜の芽も色をさし始めていました。

私の仕事も順調に進んで、相も変わらず朝早くから夜おそくまで台所に立ち続けるのでした。財界の動きは金融に始まり、各銀行への人々の注目は、すさまじいものになるかのようでした。

主婦業との二足のわらじに苦労する

庭の桃のつぼみがほころび始め、菜の花が咲き始めたのを見ては、丸三年間も暗い箱の中にしまわれたままのお雛様たちに、日の目を見せて上げたいと思い、月おくれでもいいからと四月三日にお雛祭りをしたら、と、気持の底はまだまだ雛祭りを楽しむとまでには達し得ない、日々の生活に追われ通しの状態でしたが……。

仕事のないある日、重い箱を伜たちに出してもらいました。年中行事の中でも女の私たちにとっては、桃の節句は匂うばかりの花やかさと、女の夢をつつんだお祝い事です。母親は母親の、娘は娘の思い出の糸を繰っては繰り返される楽しい数日なのです。お節句を楽しみに待ち続けていながら、肝心の当日になると、決まったように熱を出してしまうのが芳子でした。せっかく仕立て上がった新しい綿入れのおべべにも手を通さず、大好きな鯛のお刺身も豆客様が召し上るのを、隣の部屋のお床の中で眺めて笑って見ている時の多かった事を話し合いながら、外箱のふたを取って、相箱を手に取れば、三年も、よくもまあこのままきちんとおさまっておいでになったものよと思うばかりでした。箱を一目見ただけで「それは五人囃よ」「そっちが御所車よ」「その下のほうに桜と橘の箱があるじゃあないの」といった調子で、匂いも遠く消えうせて、袋だけになってしまった五色のホドチン※の袋が、カサカサと桜紙を解く度に散っていきました。お内裏様も女官方も、右大臣、左大臣、五人囃、仕丁のめんめんも皆様御無事に虫ひとつ付かず、色ひとつ変わらず、ほんとうにほんとうに久しぶりのご対面でした。黒塗りの手桶に桃を高く入れ、菜の花をたっぷり根〆にそえて、しみじみ眺めわたし、今の今が不思議なのか？　遠い昔が不思議なのか？　どれもが渡ってきた人生の一こまと感慨にふけるのでした。

　お雛様！　ご無事に戦争に生き残られましておめでとう存じました。これ

※ホドチン
防虫・乾燥剤。

からもいっそう大切に保存いたしましょうと、心から呼びかけるのでした。

門の入口から玄関までの南側の地所に、いちごの苗を植えておいたのがすくすくのびて、白い花が咲き始め、咲き終るともういちごの赤ちゃんが、青い顔を見せていました。実がふくらむにつれ、白くなり、やがて赤く色づくのでした。いちごのなるのを見るだけで私たちはもう満足でした。男の子たち（伜）はもういちごへの魅力も少なくなった年頃に成人しましたし、お祖母ちゃんにお初穂上げたその後は、くだものにご縁のうすかった子供たちに、いちごのなっているのを見せて、つませて食べさせてやりたいわね、と期せずして芳子と私の意見が一致しました。最初に招待されたのが家の近くの兄弟で（白金幼稚園※の芳子の教え子）、約束の午後、心待ちしていました。兄弟二人で現われると思いきや、弟のほうが一人だけで元気よく勇んで現われました。片言まじりで、

「コンニチハ、辰巳先生、いちご取りに来たよ」

「あら、ぼく一人？　お兄ちゃんと一緒じゃあないの」

「ウン、だってぼく、お兄ちゃんと一緒だと、いちごがへるもん」と、ケ

※白金幼稚園
当時、芳子はここで保母を勤めていた。このご縁は平成の今にもつながる。

ロリとハッキリ言って大ニコニコ。兄さんを出し抜いたのがいささか得意気にさえ見えたのでした。

なぜこのような年のいかないおさな児が、こんなことを考えつくのか？　と思いはしたものの、

「そう！　よく来ましたね。これがいちごというものよ。この畑へはいるにはこうするのよ。ふまないように気を付けて、赤いのをよく見て取るのよ。ほらこれは表だけ赤くて、裏のほうは白いでしょう？　こんなのはあした食べる分なの。ぼくの今日食べるいちごは両方赤いのを取るのよ」、「さあこれ取ってごらんなさい」とちぎらせましたら、いきなり口へぱっくり入れて舌で味わい、舌鼓を打って「ああ、おいしい！」と目をつぶりました。満足そのものの表情は、いじらしいばかり。いちごを知らない都会の子供たちの多いのを知らされる思いでした。広い広い土地に、いちご畑を作って、あの子にもこの子にも、ミルクと砂糖をたっぷりかけて食べさせてやりたい……。それにはどうしたらいいかしら？　と夢をえがいてしまうのでした。

戦後わずか十ヵ月の間に、この小さな子供がお兄ちゃんと一緒だと分け前

がへるからと、ただ一人で堂々といちごを取りに来たそのわりきった物の考え方、世相の移り変わりの速度の早さです。あどけないおさな児が、そうしたことを平然と、あたりまえに考えている事に、私は、私たちのついて行けない世の中に変わって行くぞ、と、知らされた一こまです。

「ひとつのものをも分け合って」と、それ一すじに教えられて通って来た私たちにとって、容易ならぬ世になるかもしれぬという事がわかるのでした。

そんな日々の繰り返しの間にも、私の内職はますます忙しく、商売はおかげさまで、繁盛して行きました。何かの機会を得て軌道にのせれば、或いはこれで食べて行く道がひらけるような気もしないではありませんでした。

ある日のお客様のお献立をひとつ。

その日のお客様は八名、ご主人側はこれから始められる事業のために、銀行屋さんをご招待されているご様子でした。材料は事業の鰹漁の宣伝のためか鰹一式、ということで、脂ののり切った鰹を十五、六匹用意してくださいました。鰹一式！　生臭くなく、あきずに、すべての皿数を召し上っていただくにはどうしたらよいかと、その方法を先ず考えなければならぬことです。「目に青葉　山ほととぎす　初鰹」この感覚で終始するむずかしさ。

先ず鰹の定石のたたきは作らなければなりません。

なまりぶしの酢の物

なまりぶしの山椒煮

鰹きじ焼

鰹たたきの揚げ物

中おちの甘辛煮

おみやげ用として鰹の角煮

畑の紫蘇の若菜、たで、芽ねぎ、花おちきゅうり、みょうがたけ等がお役に立ったればこそ、どうやら鰹一式が出来上るようなものでした。

四斗樽になみなみと氷水を張り、鰹をつけ込んで次から次へとおろし始め、身のかたく締った上身を刺身用に、下身は煮物用に区別しての下準備が始まりました。

なまりぶしを仕上げ、角煮を作り、たたき団子には生姜と味噌とねぎをたたき込んですり上げ、あとは油で揚げるばかりにして、たたき（刺身）の下ごしらえに取りかかりました。薄塩をあててワラ火でこげ目をつけ、氷水で脂を洗い流して、ぬれぶきんに包んで大急ぎにつめたく冷やすのです。それまでにツマ類の下ごしらえを終り、ときがらし、おろし生姜、おろしニンニクなどは万端手を下すばかりにととのえておかなければなりません。

鰹一式ですから、お酒は最初のなまもの、刺身を召し上がる間だけでも日本酒を召し上っていただきたいので、汗ばむような五月晴れの日でしたから、お酒を冷やしておきました。ビールとのご所望があれば、たたき団子の揚げたてをさし上げるつもりだったのです。

お客様は額の汗を、熱いおしぼりでぬぐいで取られたあと、小付になまりぶしの山椒煮を召し上るうち、今日のご馳走のたたきをさし出しました。完全につめたく冷えた部厚い切り身は、すかし模様の錦光山作の大鉢に盛られ、ツマの数々はよりいっそう鰹を引きたたせるのでした。酢をしのばせた、つけ醤油に、ニンニクをといて一箸取って、口にされたせつな、

「こりゃあ冷たい」「こりゃあ素晴らしい」「鰹ってこんなにおいしいものとは知らなかった」と杯を重ね、みるみる大鉢の切り身がへっていきました。これを見とどけて、まずまず今日のお客様への前奏曲は無事通過、鰹の仕事をされようとなさるご主人側も、これを見てやれやれとご満足されたであろうと、ひそかにわが事のようにうれしゅうございました。

中おちの甘辛煮の血合いをせせくり出して、ときがらしで召し上ったり、たたき団子がお気に召す方などいろいろで、どうやら鰹一式のおもてなしも生臭くなく、食べあきずに終る事が出来たらしゅうございました。

なにしろ朝から鰹と取り組んでいるのですから、私自身は鰹の臭いで鼻持ちなりません。七分通りの準備を終えると、一二の腕まで生糠でこすったり、石ケンで洗ったり……、お座敷に運びにいった時、魚屋さんのような臭いがしては興ざめですから。こんな時、せめてお座敷のほうだけでも受け持ってくださる方があればいいなあと思うのでした。台所仕事だけなら十人分や二十人分のお料理をこなせる若さに自信がありますが、労働者からお座敷着に着替え、たすきと前掛けを台所の入口にひっかけておいて、座敷からとって返しては、たすきに前掛けで次の料理の盛り合わせをすませ、たすきと前掛けをはずして、お座敷へ。召し上ったからの皿を下げたり、次の品をさし出したり、途中お酒のおかんの気をくばり、等々、行き帰りに用事を順よく運びながら、最後のお茶を差し上げるまでは、全く息つくひまもない緊張の続きです。お帰りも間近いと気付けば、前もって人知れず物かげにかくしておいたバケツの水を、台所から走り出て行って、玄関の敷石にまき、小走りに座敷にもどり、皆様のお帰りをお見送りするのでした。これでやっと今日の仕事の六分通りが終ったと、一息入れるのです。

台所へもどり、労働着に着替えて軽く夕食をすませ、それからがまた仕事です。先ず残りものの整理です。魚の頭、骨、血合い、切り出し等の整理のいかんによって、その日の利益が決まるからです。残りものを二度のお役に立派に立てる方法こそ、それは私ども家族の食い扶持のささえにともなり、また次の日のお客用の箸休めぐらいは出来ようと申すもの。細かく仕事をかたづければ時間のたつ事など忘れてしまうのがつねでした。

食器類とあと始末を一通りすますだけで二、三時間はかかるのです。塗物、陶器、磁器、ガラスなど、つま楊枝いれからお茶ふきんにいたるまで、気のすむようにしたいとなれば、時間なんてものを考えてはいられないようなものです。

一人で、仕入れ、調理、サービス、あとかたづけの一切を完全になしとげるには体力がもちろん重要な第一条件となりましょうが、それだけで事足るものではありません。細心の注意と、たゆまぬ努力、誠意と正直をもってあたり、つらぬかなければ、いい仕事は出来ないのです。老母と三人の子の顔を思い浮かべては、せめて一人前に育て上げなければならないとの信念と欲の道連れに、心はふるいたてられ、実行これつとめはげむだけだったのです。

六月十四日、名古屋の大成建設支店から電話連絡で、辰巳さんが帰国されて家族の様子をきき、篠岡村まで行ってくる、(その頃、名古屋、東京間の電話は三時間以上、半日くらいかかりました)帰って来た事だけを連絡するように言いおかれて出かけられました。明日か、明後日は東京へ到着の予定ですが、その連絡は改めてするとの事でした。

あまりの突然におどろいて耳を疑うばかりで、聞いた電話も、私の返事も言葉になっていないように感じました。家の中はざわめきたち、急に何か落ちつきを失い、蜂の巣が急にふくらんで、うなりをたてるようになりました。

生きて帰って来た事だけを、簡単に方々へ連絡する電話だけでも一人つききりのありさまとなりました。親戚が多いのと、その頃はまだ市外が申し込み電話だったので時間がかかるのでじりじりしました。あれもこれもと思う用事に手がつけられないからです。夜具は干さなければならないし、洋服類一切の点検もしなければなりません。栄養失調や疲れで寝つくようなことでもなければよいがなあと思ったり、名古屋まで夜行で飛んで行こうかと思ったり、さまざまの思いがかけめぐりました。お約束のお客様に事情を話して、一応全部取り消しのおわびをしなければならぬ事が大切な事でした。

今までは仕事に専念し、子供中心の日常生活から主人中心の元の生活へ、百八十度の回れ右！の生活へ切り替えが上手に出来るかしら？

あれほど案じ続けた主人の安否が、降ってわいたように一足飛びに帰宅となって、全く鳩が豆鉄砲をくらったようなとはこんなことを言うのでしょう。

一日の間に、何ヵ月もかかるような変わり方をした家じゅうの雑用に頭もからだも働かせ過ぎたせいか、主人の帰国した前後は全然記憶にないのです。どんな服を着ていたか、やせていたかなど、だれが迎えに出てくださって、その晩、何をご馳走したか、何も覚えていないのが、未だに不思議のひとつです。

とにかく、主人が帰って来たのです。元気で……。芳子の主人だけが戦死してしまったのが、取りかえしのつかない悲しさです。尽きぬ感謝をただ、ただ神に祈り、また、亡き父に報告し、御礼を申し上げるのでした。

当分私の仕事は日和見をすることに心を決め、主婦業へのぎゃくもどりになりました。

奉天では道路掃除が日課だったそうです。零下三十度の道路の馬ふん掃除は、なかなかにきびしかったそうです。六月頃、引揚げ開始の報を聞き、いずれ帰国出来ると考えていたが、これほど早く帰れるとは、予想もしていなかったそうです。出征遺家族、戦死者遺家族、現地召集遺家族の婦女子が最初に引き揚げるについて、単独赴任をしている者の中から、年配者男子として引率を命ぜられ、それで運よくこんなに早く帰って来られたのでした。福岡での上陸のさい、検閲も無事に通過して、九百人の婦女子の方々は、それぞれ故郷へ向かって帰られた由です。

久しぶりのわが家、家族の者たちの元気な生活を見て、主人はどのように感じたのでしょう？　何事もなかったような、昔ながらの生活が、なんの不思議もなく繰り返され、営まれてゆくのでした。いったいこれはなんなのでしょう？　家庭とはこうしたものなのでしょうか？　帰って早早、会社へ報告をかねて出勤いたしました。満州方面のニュースとしては一番新しいはずでしたが……（満州、朝鮮、中共の大倉組の財産は莫大なものでした）。次々と在満の家族組の方たちも帰国される予定と聞きました。

帰国後二ヵ月目の八月に、名古屋支店長を命じられ、取るものも取りあえず単独赴任をいたしました。

名古屋市千種区安田車庫前から東へ約二、三町の、小高い丘の上に建っている二階造りの寮は爆風にあって、根太が不安定で階段の上り下りの度に、家中がゆれ動くようなものでした。けれどその頃は、大廈高楼にも等しい存在でした。六畳の部屋は押し上げ戸棚の付いた南向きの日あたりのよい部屋で、そうした生活の中から財閥解体後の再出発としての、名古屋支店が始まったのです。六畳一間とあっても一城の主、支店長ともなれば、あまりみっともない仕度も出来ぬとあって、残されていた嫁入り衣装の振りそでをほどき、夜具に再生し、疲れはてたワイシャツを七くり八くり袖口を取り替え、衿を裏返しにして、どうやら一ダースほどまとめました。

一ヵ月に十日ぐらい掃除、洗濯に私が通うことにして、子供の学校が終るまで私は東京を本拠とする事に決めました。しかし、哀れなるかな、財閥解体の会社はG・H・Qの管理下にあるため、経営者の年俸は一ヵ年五万円で打ちきられている事でした。手当てなどがつき、一ヵ月六千五百円也の月給でしかないのです。この年俸は平和条約が結ばれて、日本が独立国として認められた昭和二十六年まで続いたのです。

平社員のほうが、重役より二倍も三倍も給料をもらっていたのですから、月六千五百円では、主人が一人で名古屋で生活するだけでも足りるはずがないのです。それ故、私は仕事を全面的にやめるわけにはいかず、東京で二十日働き、バター、紅茶、たばこ、砂糖などを背負っては、栄養失調になりかねない主人のもとに運ぶのでした。

ただ、なにかしているらしいが、それがなんであるか一向に聞こうともしない主人、またそれをしゃべろうともせぬ私。ただなんとかして食っているらしいくらいの主人の生活に対する考え方は、結婚以来と少しも変わっていない様子でした。昭和二十六年までの六千五百円の生活はほんとうに苦しいものでした。主人の社会的事情を考えれば、内職を今まで通りにするわけにもいかず、ひっそりとさしさわりのない程度に止めなければならず、名古屋へ行く予定の時は、お約束のお客様をお断わりしなければなりませんでした。仕事の方針を何かの方法に切り替えていかなければならぬと考えていました。なにか車がから回りする感じで、もどかしい思いにかられていました。

主人の妹にとても不幸な人がいました。正直で生一本の、とても善良な人柄であったのに、その主人は冷酷無情な人であったため、一生涯を女としてはまことに不幸に終えたのでした。戦争の悲劇はそうした家庭にはっきりと起こりました。胃潰瘍でなやむのに一向心配する様子もなく、医者にもかけてやろうとしないのです。ついには手術をせねばならぬところまでたち至りました。しかし、夫としての責任は、はたしてくれないのでした。

あまりのみじめさにだまって見ておられないではありませんか。入院、手術になんらかの手助けをせずにおられましょうか？　他の姉妹たちは、名古屋支店長だからなんとかなるにちがいないと考えていたらしいのですが、その名古屋支店長は月給六千五百円なのです。月々三、四千円の病人への手助けは、私どもの全収入の半分以上というわけなのです。しかし、そうだからといって、不幸な妹を見捨てるわけにはいきません。妹の分と思って私は働きました。そして忙しい暇をさいては好きそうなものを持って病院をたずねました。けれどその妹はますます病気が重くなって、ついになくなってしまいました。小説にでもなるような、それはそれは可哀想な妹の生涯でした。

解体後、社名を大成建設と替えた旧大倉土木が、解体されなかった同業者に同格に伍していくのは、なかなか困難をきわめたようでしたが、幸いに米国の経済復興の援助を得て、各産業界は復興めざましく、朝鮮戦争によって急速の進歩を見て、神武景気がやって来ました。事業投資は盛んとなり、設備投資への盛り上り、三白時代からガチャ万時代、軽電気の三種の神器時代へと移行したのでした。建設事業はその波にのり、順調の一路をたどってゆきました。名古屋から関西駐在常務となった頃、ようようわが家もどうにか月給で食べられるようになりました。

荒れはて焼けただれた名古屋や東京に住む者にとって、大阪、京都は、とてもたまらないなつかしい日本の姿そのままでした。京阪に近い谷町筋にあった寮に泊るのは、ほんとうにたのしい一時でした。京阪急行に乗って幾度京都におとずれたことでしょう。京都の町の隅々をただ一人で、静かに歩くのでした。関西と関東の情趣の違いの、あまりの差があるのに目を見張るばかりでした。

京の干菓子の美しさは、あの自然を見ている人だからこそ作れるものであることも、初めて知りました。昔の絵本の兎と亀のあの山の道、草の色、野に咲く花の色が、絵ではなく本物の山や草や花の色が、奈良へ行く途中の道にあったのを見て、思わず感銘の声を上げました。残されている日本のよさをしのびたい時、京都、奈良に行っては心を休めました。そして、そこで息吹きを吸って力となし、東京へ帰ってはまた仕事にはげむのでした。その頃は、お客様のお仕事もさることながら、求められるまま、お仲間を集めて、勉強会が始まり始めました。それから、主人との別居生活は約十年、その十年のおかげで私は色々の勉強をしなおす機会が与えられました。四十歳過ぎてからの勉強は、欲から始まるので、ほんとうにこの十年間の勉強の基礎によって、今日の私の老後のたのしみがつちかわれたと、十年間の別居生活のありがたさを感謝している次第です。

娘時代から結婚生活に

一〇六　家庭きりまわしの移りかわり

「どなたについてお料理を学ばれたのですか?」「いつ頃からお始めになったのですか?」と質問されるのは、初めて取材などでお目にかかる方たちの決まった言葉です。

私の返事はいつも同じ、「だれにも習ったことがありません。いつとはなしに台所に立っていました。十六歳ぐらいから、大根きざんだり、お魚焼いたりしてましたよ。おべんとうは人につめてもらうのが嫌いで、おかずはお皿にいれて食卓の上に出してもらったものを、自分の気にいったようにつめていました。私の学生の頃はアルミニウムの四角いもので、つめ方がへただと煮汁がしみ出て、とてもいやな思いをされた覚えがあなた方だってあったでしょう。味噌漬のお魚にしても、鳥の照焼にしても、カラカラでは味気がないでしょうし、多少のしっとりさがほしいじゃありませんか？　私は御飯の水滴がふたの裏側について、それがまた、御飯にもどるのが大嫌いでした。それで、お膳につくと先ず、一番初めに、御飯だけをおべんとう箱につめて、食事の間に湯気を出させてしまい、食事が終ってからおかずをつめました。照焼や味噌漬のつゆなら御飯の方へしたんでもかえっておいしいし、同じ照焼でもいかのつゆなんかは生臭くていやでしたから、おべんとうを風呂敷に包む時も、おかずの方が上になって、おつゆが御飯のほうへ回らないように、しるしをつけて包んで、お書物と一緒にしてやや右下りに抱えて学校へ出かけました。

人につめてもらってはそんなわけにはいきませんし、「きょうのおべんとう、おつゆ出る?」「おかず、どっち側?」なんて聞くめんどうもはぶけますもの……。弟たちも「お姉さんのつめたおべんとうはおつゆが出ないが、他の人のつめたの、おつゆが出て、ノートにしみていやだなあ」という事が度々だったので、自然、弟たちのおべんとうもつめてやる事になってしまいました。そのうちおかずまでも作るという次第になってしまったのです。母親にしてみれば、毎朝、四つ五つのおべんとう作りは大仕事でしょう。少々材料を張りこまれて予算超過はしても、そんなことにかえられないとばかり、私にまかせっぱなしになりました。

なにしろ昔は大家族で、そのうえ、今のだんな様たちとは違い〝地震、雷、火事、親父〟亭主関白も尋常いちようでなかった父に忠実にかしずいた母にしてみれば、奉公人が幾人いたとしても、娘の私が息子たちのおべんとうを作ってくれるのは、さぞ安心だったと思うのです。

老人と子供が六人、書生さん、女中さん、四、五人ふくめた十三、四人の家族ですから、朝は全く戦争でした。雨戸繰りだけでもたいへんな数です。掃き清められたお手洗で、父が朝の御用をたすための便所掃除は、朝五時に始まるのでした。玄関、お庭、門回りと靴みがきが書生さんの役目、上と中のお女中さんが幼い妹の着物を替えたり、洗面をさせたり、母は父にお茶をいれたり、干物焼いたり、のりを焼いて大根おろしをおろしたり天手古舞《てんてこまい》です。

自然、長姉の私のお手伝いが重大な価値を持つわけです。

そのうえ、母にとって一番都合のよい事は、なにかそそうがあると、父が目から火の出るほどどなるのです。すると、「それ、私がしたのよ」と助け船が出るのです。「浜子か？　よく注意せい！」「しようのないヤツだ」ぐらいで台風通過の巻となると、家中の者が、ホッと息をつくのでした。どういうわけか、父は私のする事はたいていい気にいっていたようでした。

そんなわけですから、「いつ？」なんてことなしに気が付いてみれば、お嫁に行くまでには、一通り、味噌汁、卵焼、のり焼、糠味噌ぐらいはあたりまえの事でしたし、お客様の事から、お盆、お彼岸のおくばりもの、おすし（ちらし）、いなりずし、のり巻、おはぎぐらいの事はこなしていました。お正月料理だって、きんとんや、白いんげんの甘煮は上手に練りましたし、昆布巻やはりはり大根の薄く切ることなんか大好きでした。

そうかといって、学校の成績だって悪くはなかったのです。今のお母さんたち、子供に甘すぎるのじゃないかしら、学校、学校、勉強、勉強といわれる、家の子は大学の勉強だからなんて思いこんで、制服のアイロンはかけてやる、はなはだしいのは靴みがきまでして、子供にはべっているらしいですね。御飯炊きひとつ出来ぬまま学校を卒業して、すぐおつとめ、月給を取るようになると、母親は家の娘は月給取りとばかり、またつかえ奉る。どんな婦人を作って、どんな家庭を持たせるつもりなんでしょう。

糠味噌かき回すのはいや、簡単で美味しくて、ボリュウムがあって、そのうえお金のかからない方法ないかしら？……。そして食べた後は、かたづけをしないですむ方法ないかしら？……。子供を産むのもいや、両親につかえるのはごめん、カッコいいアパートに住んで、イカス洋服も着たいし、私、旅行が趣味なの……。それらが夢や理想のうちは無難でしょうけれど、着々と実行に移されたのでは、世の旦那様方にご同情いたします。

先日、ある新聞社から電話で、あとかたづけしないですむ方法、たとえば皿洗器を使ったら？　と言う事で御意見を聞きたいと申して来ました。「何事をなすにも、初めがあって終りがなければならないでしょう？　事を起こすにはいつもあと始末があると考えてしなければ、尻ぬぐいはだれの責任なんでしょう。食事のあとかたづけがいやなら食べずにいるより仕方ないでしょう。丸薬でも召し上がったほうがいいでしょう。そんないい方法あるなら私のほうこそ教えていただきたい」

「先生、手きびしいですなあ」

「あなた方、そんな女房でいよいよ長生きが保証されてる人生の伴侶として、四、五十年も幸福な家庭生活が続けられるとお思いになりますか？　女性も婦人としての自覚がなければならないのに、男の人も案外甘くて鼻の下長いですね。もっと男は男らしく。女は女らしく、がっちりといきたいものですが……。いかがですか？」

とご返事をしたわけです。

「ちょっと、今どきこんなこと言って、古いと嫌われるかしら」

編集部の人はニヤニヤしていました。多分、たいへんなおばあさんのところに飛びこんでしまったと後悔したのでしょう。しゃべり過ぎたおかげで、ついついおせち料理引き受けてしまって、みっちり油をしぼられ、それから後も、度々おつき合いを重ねている間に、戦後、生活のためのもぐり料理の話に及び、「とにもかくにも、お料理好きとか、お料理上手とかいわれて、お客様やお知り合いの方々をお招きする間は、全部、ただでしょう！　どなた様だって、ただでご馳走になるのですもの、少し辛過ぎても、甘過ぎても、ほめてくださいますよ。これはいけない、これはこうだと、本当の事を言ってくださる親切な方はありはしないのです。

ほめられたり、喜ばれたりしていたからと申して、安心していたわけではありませんが、いよいよこれでお金をちょうだいして生活の道を立てなければならないとなっては、非常な責任と義務を感じ、真剣に取り組むことを覚えたの」

「へェ！　先生、商売していらっしゃったのですか」

「そうよ、戦後一文無しでほうり出されて、さて、どうして切り抜けていこうか？　なにかいい参考書でもないかと、はたと『風と共に去りぬ』を思い出し、読みなおしたのがたいそう良い参考になったのです」

と、ちょっと口をすべらせたのを、その時の編集部の人は覚えておられたらしく料理の記事より他に書く事を知らぬ私に、連載の難題をもって来られたのです。それが前章の「私の『風と共に去りぬ』」です。

＊

長い人生をつらぬき通すのは容易な事ではありません。苦が七分、楽が三分なれば上々として、もって銘さなければならないでしょう。

日々のニュースや新聞紙上は、情けない事や、悲しい事で満ち満ちているではありませんか？　ことに近頃は世の中に良い事が無いような事件ばかりではありませんか？　こんな世の中で、自分だけが幸せでありたいなどと考えるほうが無理なのに、皆、幸せになりたいと要求する人ばかり。「人間は幸せになる権利がある」、もちろん当然です。では、その幸せをだれが作るのでしょうか？　めいめい自分自身の責任において準備なされるのではないでしょうか？　「こんな私にだれがした？」的な言葉を聞くと、なにか変に納得がいかない気持にかられるのです。

私の育った時代の小学校の先生方、お習い事の諸先生、先輩の方々の数限りない愛の教えを、祖父母や、両親の愛のむち、嫁いでから今日まで私に勇気と力をあたえてくださった舅の矛盾のない神の愛にも等しいほどの愛によって守られて、どうやら今日までたどりたどりながらここまで歩いて来得たと感謝するばかりです。明治、大正の年代に、こんな育ち方をした人間もあったと、思い出すままに書き留めてみましょう。

　私の祖母（母方）は慈愛に満ちた常識家で、やかましやの父もこの祖母には心服しておりました。たいへん私を可愛がって、私の言う事ならなんでも首を縦にふってくれました。水天宮様や浅草の観音様のお参りには、お守り代わりに連れられました。お祖母さんが戌年で、私が辰年で七つ目で災難よけになるからといっていたのを覚えています。ぶどうもちが大好きなので、帰りにはきっと買ってもらうのがたのしみでした。

　食いしん坊で、食べ物にやかましかった私ども一家は、当時（大正五年）○○郡大字○○と称した現在の品川区上大崎長者丸に移り住んで、おせんべい一枚、焼芋ひとつも食べられないといっては全部下町から取り寄せるのでした。

　その頃の目黒一帯、恵比寿周辺は、草ぼうぼうの未開地で、目黒火薬庫の草むらから、戸惑ったたぬきが出てきたのですから、とても今とは想像もつかぬ頃でした。夜道は定紋つきの提灯をつけて歩かなければなりませんでしたし、白井権八と小紫のお墓のある付近の行人《ぎょうにん》坂は、夕方ともなれば真暗で、人っ子一人通りませんでした。見渡すかぎりの目黒のたんぼのかなた向うの森が目黒のお不動様で、一目に見渡せた時代でした。

神田とくらべれば、すべてが箸にも棒にもかからない不自由、不便だらけで、下町住いのおとなたちにとっては、島流しにあったようなものだったのでしょう。書生さんが買物係りで、パンは銀座の木村屋まで取りに行っていました。今の三越銀座店の並びにあって、手すきの日本紙の袋に、麦の図案がかいてありました。おへそに桜の花のはいったあんパンが名代で、あん切りなど、おいしかったものです。山型の食パンや卵パン、木の葉パンが子供たちのお三時用で、いつも大きいかごか罐にいっぱいはいっていました。

本郷「藤村」の柔らかくて、みずみずした練羊羹は木箱に一面流してありました。今様の、外包みを幾枚もむいて中身がやっと出てくるようなものとはちょっと違います。

小倉あんがはみだしそうになって、口に入れると皮がとろけるような池之※

※空也もなか
現在銀座・並木通り六丁目にある「空也もなか」の空也は、明治17年上野池之端に創業され、戦災後、銀座に移転した。

端の空也の最中、品の良いこしあんのはいったうさぎやの最中と、手焼きのおせんべいなども好きなもののひとつでした。京橋の風月堂のスイートポテト、鍋町の風月のシュークリーム、新橋よりに亀屋といった洋食料品店があって、そこのあんずヌガー、ミルクヌガー、ピーナッツタフィは、銀棒が真白の深いボール箱に底からぎっしりつめてあって、五円だったと覚えています。

カリフォルニアの大きい乾あんずや、房のままの乾葡萄など、その頃子供としてはいい部類のお菓子を食べさせられていたようです。なかでも、グリーンの細かい模様の表紙に製造工場が赤で書いてあった、長方形の英国のビスケットが大好きで、よくおねだりしては買ってもらいました。

お茶は、山本山、のりが山本、鰹節はにんべん、お漬物は三越前の小田原屋、そのならびの山城屋が全国の珍味と乾物をあつかう店でした。丹波篠山の黒豆が四角いガラスびんに五升ぐらいしかはいっていませんでした。お正月用の煮豆に毎年二升買って、それを買った日は母はとてもいそいそとうれしそうでした。くさやの干物、むろ鯵の堅干、氷見の丸干などは、どうしても山城屋でなくては承知できないのも変な習慣でした。

サエグサまたは関口でリボンを買ってもらう時は、きまって資生堂でアイスクリームを食べました。卵の匂いがして牛乳が濃くて、レモンの香りがとてもよくて、ひとさじすくうたびにへって行くのがおしまれるのでした。近頃のアイスクリームはあわばかりで、あと口が悪く、一度食べたらこりごりするようなものが、なんとまあよく売れることでしょう。香料もバニラばかりで、レモンを使っている店が一軒もありません。つまらない変わり方をしたものだと嘆くばかりの今日この頃です。

東海道五十三次の広重の画が張りめぐらされた帝国ホテルに、初めて連れて行ってもらったのが香蘭女学校に入学した御祝いでした。フルコースのお皿が全部食べきれないほどの御馳走で、デザートに出されたタピオカがカスタードクリームで煮てあった、素晴らしくおいしそうなものが、目ではほしくても、口のほうがいう事をきかず、とうとう残してしまったのが記憶に残っていて、今でもくやしいくらいです。

上野の精養軒の春のつつじと藤の花がきれいで、池ノ端で博覧会が催されて見物の帰りや、動物園の帰りは、きっとここで御飯をいただきました。十七、八歳になった頃は、もうそろそろおとなの仲間入りしてもとの考えだったのでしょう。星ヶ岡茶寮や、赤坂の錦水、麻布のおきつ庵などへも、見学のためと連れて行かれました。八百善、両国の柳光亭も、所変われば品変わり、それぞれに特徴のあるたたずまいと雰囲気の違いを感じました。
天ぷらは揚げたて、おすしは握りたて、うなぎは注文を聞いてから、さいてむして焼くのだから、一時間は待つのが定石と教えられもしました。

好みの着物や帯や半衿はゑり円さんでした。足の悪い番頭さんがとてもいいものを染めてくれて、不自由なからだをじょうずに動かして、奥と店を出たりはいったりする姿が印象的でした。帯止は道明さんが多かったようですが、その時代は金具つきの帯止が外出用に多く使われていました。たびは駿河台の伊勢屋で足の型がとってあり、夏・冬二回、きちんと届けて来ておりました。

げたは大根河岸の長谷川ばかりで、番頭さんが頭から一尺も高い紺ふろしきの包みを背負っては、注文を取りに来ていました。私は※あと丸が大好きで、あと丸のつやけし台つきに、毛切りビロードのオールドローズの鼻緒をすげてもらって、大気にいりの大満足をした覚えが今もはっきりしています。

雨げたはひくいほう歯で、白い皮の鼻緒に赤のつまがけでした。皮の鼻緒は子供にはもったいないけれど、雨にぬれても色が落ちなくて、丈夫で二足分のお役にたつから、かえって経済だからとの理由でした。その代わり、げた掃除は自分でするのですよとの条件つきで、げたの洗い方、つま皮の乾し方、ほう歯のひげけずり方など、それはそれはめんどうな事を丹念にさせられましたが、よくいう事をきいてしつけられました。

長火鉢の炭のつぎ方、大火鉢の切り炭のいけ方、手あぶりの火のいれ方、七輪の炭の立て方、魚焼の備長炭が完全におこって、ひと皮灰をかぶった頃に焼き始める事、すき焼や、鍋物の七輪の炭のいれ方など、それにつらなるわら灰の燃やし方から灰ふるいまで、五種類ぐらいの炭の使いわけ、とがま、堅炭、白根っこ、備長、桜炭のと、ほんとうにほんとうに教えこまれ

※あと丸
かかとの部分を丸く作った駒下駄。

ました。

雨戸の開け方に始まるお掃除は、障子の桟のはたき方、箒の使い方、ぞうきんのしぼり方、つやぶきんのかけ方、バケツの水の流し方にも方法があったのです。柄杓でまく打水などもなかなかの呼吸物で、足や着物をぬらさぬように、まんべんなく砂利や石への水やり、植こみの掃除など、知っていなければ人を使えないときびしくみっちり、人を教えるような人になるようにと教えられました。

顔の洗い方、しゃぼんや糠袋の使い方や縫い方。髪をあげる時は油とう紙を敷かされ、くせ直しの湯にはびなんかずらのひとへぎが必ずいれてありました。つげの櫛の使い方、抜毛の始末に至るまで、毎朝きちんとしないと、「行ってまいりまあす」と学校へ出かけようとする間際でも、「浜子！　鏡台の始末がいけませんよ、ちゃんとしてからお出かけなさい」と声がかかるのでした。

衣更えもきちんと折目正しく、ひとえじゅばんにけぬき袷を着せられる五月一日から半ば頃は、セルのひとえに絽の半衿に替わり、ひとえのメリンスの友禅を着せられる季節が一年じゅうでいちばん、身も心もさわやかで好きでした。

あれを思い、これを思うと今の親は楽じゃあないのでしょうか。制服が決まっていて、洗濯はクリーニングに出せば事が足りるのですもの……。

昔の母親はほんとうにたいへんでした。たいへん過ぎたからこそ、改善され進歩して、今日の家庭生活になったのでしょうが、その恩恵に私など浴しているはずなのですが、これ以上、掃除は手数だ、洗濯はめんどうくさい、お勝手でコツコツ料理するなんてもってのほか、チャーと炒めて、しゃあーとお湯をかけて食べる工夫はないか？　今に寝ていても御飯やお菓子が目の前に回ってくるような機械でも出来ないかしら？……。そうなったら女もやめていただきましょう、と申し上げるよりほかありません。

小学校は父の在任地であった支那（中国）、揚子江沿岸の漢口の日本人学校の明治小学校に入学して、五年生の春まで在学しました。帰国して長者丸の家に住むまで、臨時に四ツ谷に家を借りた関係で、四ツ谷第四小学校に籍をおきました。五年、六年の受持の先生は、相羽良作先生でした。進学準備のため、算術と国語にはもっとも力を入れられました。分数、鶴亀算、植木算、利息算、とてもとても熱心に、顔を紅潮させ、あわを飛ばさんばかりの授業ぶりでした。授業時間中、熱心に勉強さえすれば、宿題の応用問題などはいとやすく解くことが出来るくらいの熱心さでした。この時代の勉学のおかげで、わが子の入学試験の勉強は家庭教師のお世話にもならずに、男の子二人ともに数学の勉強をみてやる事が出来たのです。

相羽先生は、いつも、日本人は井の中の蛙であってはならない、島国根性を捨て、進取の気性を養い、創造力をつちかわなければならない、猿まねじょうずは恥しい事であると、ほんとうに真剣に教えてくださいました。

井の中の蛙、島国根性の事はわかりましたが、進取の気性と創造力、これはどうしたらよいのか、小学校五、六年の時代から私の懸案で、今日もなお、この教えについて足りぬ顔を悩ましております。二ヵ年の相羽先生のお教えは私にとっては少女期の絶大なお教えと感謝しております。

五年間の花やかな学生時代を、香蘭女学校で学んだのが、今日の私の心の糧となっているのです。たのしい事の連続の学生時代でありました。そのたのしさは、暖かく、なごやかに、不安定なおとめ心をしっかりなにかで包まれたような環境のたまものであったようです。

白金の丘のささやかな校舎ではありましたが、全校生徒二百五十人に満たぬ生徒たちは、下級生から上級生まで全部姉妹のようでした。

白いおひげの長橋校長先生、温和で慈愛のあふれたまなざしは、好々爺そのものでした。校長先生に甘えられる学校が、今あるでしょうか。私たちは校長先生から、算術と日本史を学びました。バザーや、遠足や、同交会（学芸会）の間近になると、「校長先生！　バザーで忙しいから今日のお授業は自習時間にしてちょうだい！」　クラス全員がうれしい、うれしいとさわぐと、「しかたのない子供たちだなあ、それじゃ静かに自習するんですよ」と校長室へお帰りになるのです。あとは、あっち、こっちのつくえでひとかたまりになって、自習だかおなまけだかわからない一時間がたつのでした。周期的に声が高くなると、まじめな級長さんが隣室に気がねして、オロオロ心配しながら、シーッ、シーッとおよび腰の声を立てられるのが、私にはなんとも愉快でした。

聖公会の学校だったので、朝礼は約三十分間かかりました。出席点呼と、お祈りとお説教があるのです。日常の課目の中に聖書の講義があって、創世記から始まるお講義、詩篇の美しさ、新約聖書と、五年間にお教えいただいた「神の愛」は今の私のささえとなっております。香蘭女学校に、もしも入学していなかったとしたら、この私は今頃どうなっていたかと思うとおそろしいようです。

物質的に恵まれた家に育ち、わがままのしほうだい、ほとんどの望み（この世的な）はかなえられたうえに、「進取の気性と創造力」がなにかなにかと考えていた私。香蘭女学校のあの校風に育てはぐくまれなかったらどうでしょう？　必ずいつかはこの鴻恩にむくいたいとの一念で暮しております。

おひげの校長先生をはじめ、英作文でミステイクの印をいただいたミス・

ターナ、うぶ毛のもじゃもじゃしていたミス・ウィリアムス、首が長くて美しかった声楽の先生のミセス・スパークマン、キリストの御受難のお話をなさる時、涙ぐまれる岡本先生、それらの諸先生の中でもっとも私どもの誇り高い先生が長谷川喜多子女史でした。

ハイカラな髪に結い上げて、ふちなしの金の鼻目がね、こげ茶色の吉野のお召し物や、オリーブ色と薄ねずみの弁慶ごうしの結城つむぎ、唐桟などを召して、低めに紺のはかまをつけて、むぞうさに教室にはいって来られると、それだけで香蘭女学校の生徒の誇りを感じるような魅力のあったお方でした。残念なことに若くしておなくなりになり、もう私たちは嘆き悲しみ、火の消えたように思えて、香蘭女学校が急にしぼんだような気持にさえなりました。

寄宿舎の舎監であられた草間先生の救道会の集まりは、毎週水曜日の放課後で、その日の来るのがたのしみでした。愛についての問題がなによりもむずかしく、先生をおこまらせしたと思います。学校の門前にあった三光教会の牧師でいらっしゃった野瀬先生は、今もなおご健在で、ただ今は横浜の司教館にお住いとか、二年前に雪ノ下の家においでくださって、私が料理で働いているのを知られて、たいそうお喜びくださり、手料理をとても喜んで、召し上ってくださいました。

祖母、両親に教えはぐくまれ、最良の諸先生方に恵まれて娘時代を暮した私は、ほんとうに幸せでございました。なにをもってこの御恩をお返ししたらいいでしょうか。

心のささえになったもの

大正十三年三月に辰巳へ嫁いで来ました。関東大震災の翌年の春で、未曽有の大震災にあった東京は、復興の見とおしがようようつき始めたものの、道路は、まだ、でこぼこのどろんこ道で、当時出来たばかりの市営バス（青バス）は、市内の目抜き通りでさえ、そのゆれ方のすさまじさには、閉口以上の激しさで、座席から飛び上ったひょうしに、前の座席の客に抱きついたり、降りようとして停車前に座席を立とうものなら、後方の席から車掌さんのところまで、トッ、トッ、トッとかけだしてしまうようなありさまでした。一時間もバスにゆられれば、流産をしてしまうと言われたような時でした。

しかし、東京は、これを契機に大きな変化を始めていました。家をつぶされ、焼かれてしまった下町の人たちは、焼け残った山の手の仮の住いに身を置いたものの、次第にその土地に住みつくようになり、五反田、渋谷、新宿、中野、池袋、大塚などは急速な発展を始め、その沿線は私鉄の開発によって文化住宅が建てられ、老舗がたちならび、今日の大東京の発生の芽ばえとなったのです。

江戸っ子の人情が薄れ、江戸前だの、いなせだの、いい気っぷだのは、ふくらんだふうせんがしぼむように、すうっとしぼんでしまいました。江戸の老舗の味が姿を消して、関西の味が進出し始めたのも、震災後からではなかったでしょうか。船頭小唄が流行し、むせぶようなレコードの流行、カフェーやバーのネオンの光は五色にまたたき、なにか不安な世相は妖しくゆれて、人心は落ちつきを取りもどすのに困難のように見えました。

表はもめんでも裏には絹をつけ、着物より、長じゅばんや小物類に渋い心を配り、たびは足にくいいるばかりに、きっちりと、そして光るばかりに真白く、鼻緒の前つぼのかたくしまったはきものを好んだ江戸っ子は、アッという間に影をひそめてしまいました。

つつましい花嫁生活は、こうした世相の中で始められました。主人は大倉土木株式会社に勤務しておりましたので、復興事業におおわらわの最中でした。「だんな様とは、朝出勤して、夕方きまった時間にお帰りになるもの」とばかり思っていた新妻の夢は、初出勤のその日から夜業につぐ夜業、引き続きちょっと一杯のおつき合い。夫は、就職、そして初めての社会人のお仲間いりに、見るもの、聞くもの、ことごとに目新しく、もの珍しい事ばかりと感じたのでしょうか……。家に帰るより、銀座を泳ぎまわるほうがたのしかったらしい様子でした。

幸い、両親と一緒に暮していましたし、当分の間は結婚の祝いにおいでくださるお客様方のおとりもちやで、昼間は座の暖まる暇もないほどの忙しさだったので、さほどの寂しさを感じることもありませんでした。

けれど、あまり毎日帰宅がおそい日が続くと、なにか自分に落度でもあるのかしらと気にかかったり。それにも増して、両親や女中さんになんだか恥しいような思いもしないではありませんでした。

「土木会社とはこうしたものだ、一生こうなんだぞ」と、因果をふくめられてからは、すっかり心が定まって、夜食さえととのえておけばよいと、夕方の食事の心配や着替えの心配りの必要もなく、一日じゅうを心おきなく両親や姉妹に仕える気やすさで、おかげで早く家族の皆さんの気心や習慣を知ることが出来ました。

そんなわけで、新婚の時代など、私には全く縁の遠いもので、人に嫁に来たのではなく、家に嫁に来たようなものでした。


舅は当時七十歳、姑は四十六歳でした。父は気の練れた、それはそれはまれにみる素晴らしい心の持主で、私の生涯でこれほど立派なお方はないと、今もなお尊敬しております。

私はこの父の慈愛にはぐくまれたからこそ、第二の人生を全うし得たと、固く信じています。人生の方向を百八十度変えてしまいたいような苦しみ、悲しみに会うたび、この父の静かに私をみつめてくださる面影をしのび、私の心はすべて「忍」の一字に定まるのでした。「父様！　がまんします、がんばります！　でも、しっかりつかまえていてください」「ああ、よし、よし。見ていてやるよ。がまんはあなたの力をもう一段高くしてくれるだろうよ」とおっしゃるように思えたからです。

終戦後の苦しみなどは、むしろたのしかったぐらいのものです。それは自分の力を表面に出して行なえたからです。

生きるために、正しく、懸命でありさえすればそれですんだからです。

結婚して数年のあいだに三人の子の母となった、全く人生に無知であった若い私が、三人の子をかかえて、身動きならぬ人間関係の苦悩の中に置かれた、戦争の始まるまでの二十年近い年月は、死にあたいするほどのものでした。

父の面影になぐさめられ、はげまされ、香蘭女学校時代の求道に関するノートのページをまさぐり、聖書を読み、だれにも聞こえないような低い声で、好きな讃美歌を唱って、「神様が見ていてくださるのだ」と、それだけを頼りにして暮しました。私の周りには、神様と死んだ父以外、私を助けてくれるものはなにもなかったのです。

父は安政二年、金沢藩主、前田侯の家臣の家に生まれ、数え年七歳の時から、殿様の学校でフランス語の勉強をしたそうです。明治の初期も初期、どのようにして外国語の教育が前田藩で行なわれたか、まことに不思議に思われますが、その時代に、藩の優秀な子弟に外国語の教育をほどこされた前田侯は、卓見と申すべきでありましょう。

さて、父はフランス語を習っていた関係であったのでしょう、十三歳の時に、藩費生の一人として、今で言えば、国内留学を命ぜられ、フランス人によって創設されていた横須賀造船学校で、外国語、理工学、数学の基礎の勉強を始める身となったのです。

数え年十三歳といえば、今の十一歳か十二歳、小学校六年生という年齢にあたります。徒歩と馬とかごで、金沢から越後まわりで上京をし、きびしい勉学の日々を送ったそうです。

その学校時代、遠い金沢の両親にあてて送った、洋紙に毛筆で書かれた手紙が、今もなお大切に保存されてありますが、どうしても読みがくだらないその不思議な言いまわしの日本語を見る時、母国語を忘れるほど専心勉学したあとがしのばれて、ほほえましくも、また、痛々しい感じさえもいだきます。

そして十九歳の時、フランスへ留学を命じられ、エコール・ド・ポリテクニックに入学し、造船学を専攻、三十歳になるやならずで、日本帝国最初の鋼鉄艦をツーロン※で造られた方でした。

三十五歳の頃と思いますが、レジオン・ド・ヌールの勲章をいただき、当時の日本人としては最高の栄誉であったろうと察します。

昔語りをほとんどされなかった父でありましたが、フランス最高であるレジオン・ド・ヌールをいただいた時の模様をうかがった事があります。「その式の時は、軍楽歌に迎えられ、フランス国歌の奏されるなかを前進して、時の大統領に勲章を首にかけていただき、その上に、さらに花輪をかけていただいて、とてもうれしかったよ、その勲章を首にかけて街を歩くと、町の人が勲章に向かって、挙手の礼をするんだよ」と目を輝かしておっしゃられました。

それを聞いて、私は、若い日のそんな父様はどんなであったろうか、見たかったなあ、と思うのでした。

※ツーロン
フランスの知中海添いにある港町。今も海軍基地、造船所などがある。

だがしかし、日清戦争後、三国干渉の影響で、親仏派と見なされる者は、徐々にむずかしい立場に置かれるようになり、後年、英国に造船学を学びに行った人たちによって日本の軍艦が造られるような時代に変わってしまったそうです。

造船大監の軍籍を引かれた後は、岩崎男爵の懇請を受けて、三菱造船を創立し、要職に就かれ、民間人となられた父は、要職に就かれると間もなく悪性腎臓炎にかかり、最善の養生、看護にもかかわらず、生きたければ要職を離れなければとの医師の進言で、職を引くのやむなきに至りました。

男子として、先駆者のさびしさを味わい、社会的に恵まれない立場の側の人生を歩まざるをえなかったように察せられます。明治の初期の滞費生として、国運を背負わされての留学、最高の学問を修め、国の為に、いかようにも貢献しうる能力と、志を持ちながら、国策外交の問題で、国によってそのすべてを封じられるに等しい立場に置かれた、この憤懣《ふんまん》と懊悩は男子として

娘時代から結婚生活に

左頁
上・若き日の父母と、私、長男一雄。下は、本当に私をかわいがってくれた祖父と。長者丸の家で。

死にあたいするほどの痛恨であったろうと、今にしてお察しするのです。日常生活のなかで、軍艦の軍の字も聞いた事のない不思議さが年と共にそのなぞがひとつひとつとけていくのでした。

幼年、少年、青年、壮年の各時代をフランス語で通された父は、臨終の床で意識が次第次第に薄れるにつれ、フランス語ばかり使われ、近親者はあらたな涙に誘われました。父の食事の係り（父は私の作ったものしか召し上りませんでした）であった私は、フランス語では、なにを要求されているのかわからず、全く困りはてました。

このように、父は社会的に労多く、報いの少ない生涯を送られた上に、更に、家庭的にも恵まれず、大勢の子供を残して、二回も妻に先立たれました。幸いに三回目の妻を迎えられはしたものの、当時の事とて、家庭間の人間関係の微妙、かつ複雑さは、難儀の連続であったろうと察せられます。内外の苦悩にみがかれ、七十歳の高齢になられた時、大家族の一人息子の嫁として私が家族の一員に加わったのでした。このような人を父と仰いで、満六ヵ年一緒に生活いたしました。短い年月ではありましたが、神に近いまでの愛をもって目をかけていただいた日々の事々は、きのうのようにありありと私の心のなかに生きております。

慈愛と知恵にみちた無言の包容力、適切なユーモアに富んだ進退、一筋道をつらぬき通して歩んだにもかかわらず、老いの頑固一徹さなどみじんもなく、淡々となりゆきを受け止めてゆく受容力と転化力、「幸いなるかな、柔和な人」という聖句を思う時、自然に父の姿を重ねて、この聖句の味わいが深められるのでした。後にも先にも行きあう事の出来ぬ人柄のお方でありました。

私の生家は、親と子だけで構成された、問題のない、単純な人間の寄り集まりで、俗に言う「親子水いらず」、いたってわだかまりのない、そして食べる事の好きな家族だったので、辰巳へ嫁にきてからというもの、見るもの、聞くもの判断に苦しむような事ばかりにつきあたりました。困るというより、驚きで途方にくれる事のほうが多かったかもしれません。底抜けにほがらかで、恐しい事を知らぬ私は、ひろわれた犬のようにいっぺんにすくみあがってしまい、手も足もでませんでした。

新婚旅行から帰宅して早々、親戚へのごあいさつ回りに歩きました。正装でしたし、どちらへも初めての訪問だったので、たいていの家では玄関から通させていただきました。

当時、主人の長姉の家は私どもの隣で、ひとつ地所の内と言ったほうがいいでしょう。それで、最後の訪問先となったわけです。お嫁さんの訪問とあって、取り次ぎのお女中さんは私を座敷に通しました。座ぶとんをいただき、お茶もだされました。しばらく待たされて姉がでてきました。旅行のおみやげをさしだし、冷えたお茶をいただいて、無事にごあいさつをすましたつもりで引きさがりました。帰宅して部屋に入り、着がえをしていると、今聞いたばかりの姉の声がして、間もなく私は呼ばれました。もうお姉様が来てくださったのかと、私はうれしくて、親しみにみちて障子をあけた、とたん、ただならぬ空気を身に感じ、なにかしらそのただならぬ空気にけおされて身がすくみました。姉の口から最初に出た言葉は、

「あなた、今、どこから家に上りましたか?」

「はい、内玄関から上りました」

「内玄関から上り、お座敷に通り、座ぶとんを敷き、その上、お茶まで飲むとはなんという事です。あなたはいったい、自分をなんと心得ているのですか？　あなたはただの嫁でしかないのですよ。嫁でしかない事を、よっく知りなさい。以後、内玄関からあがる事などいっさい許しません。台所からお出入りなさい」

ときびしく言い渡されました。「嫁でしかない！」この一言は、それ以来私の頭にしっかり結びつきました。

嫁とはなんであるか？　考えなければなりませんでした。それから幾十年、私の嫁でしかない生活が続いたのです。

当時十四貫（五十二キロ）あった、はちきれそうな、健康そのものであった私は、芳子（長女）を出産する頃は、九貫（三十四キロ）にやせ細りました。日々にやせていく私を見ては、実家の両親は「どうしたの？」「からだの具合でも悪いのではないか？」と案じてはくれました。単純そのものの両親に説明するのもむずかしければ、理解してもらう事は更に困難です。「言わぬは、言うに勝る」という言葉があります。私はこの言葉の意味をよく考えて、実家の両親と主人には一言半句たりともしゃべりませんでした。

産後の疲れは、時折、このまま消えてなくなってしまうのではないかと思うほどたよりない身の軽さでした。かわいい芳子の口びるに乳首をふくませながら、この子を残しては死ねない、どうかして丈夫な母体に立ちかえらなければと涙で目がかすみました。幸い、産後の養生に里にとどまる事を許され（当時、お産は実家でするのが習慣でした）約一ヵ年近くを里で暮したので、おかげでみるみる体力も回復しました。その一年の間に、教会に行っては苦しみと愛についての問題を解決しようとつとめました。

「人、愛する者ののために命を捨つ、之より大いなる愛はなし」

私はこの完全なる犠牲をつらぬくために、そして神の愛の証明のために生きなければならないと考えつきました。そして自分にそれを言いきかせるのでした。

それにつけても、この若さと煩悩をどうしてよいか、泣きました。「勇気をもって進むより他に道はないよ」といつも神様はお命じになるようでした。

「ふせぎ守れ、こころみに勝つ度毎に強くならん」この讃美歌にはげまされ、はげまされ、わが道を行こうと、おおしくも決心せざるをえなかったのです。

そんな私を知ってか、知らないでか、遠くからみつめてくださったのが父でした。やはり一言半句も言葉にはだされませんでしたが、ただ、時々、ハッとするような思いやりに出会いました。私は父を信じようと懸命でした。

内孫として初めての芳子（女《むすめ》たちに外孫は十二、三人いました）はとても可愛い子に育って行きました。お盆で受けたいような、あふれるばかりの愛嬌よしで、幾十年ぶりで辰巳の家の中を明るくしてくれました。芳子だけには、だれに遠慮、気がねもなく愛情の表現をする父の愛は、せきを切ったように芳子の上にふりそそぎました。

芳子に明け、芳子に暮れ、

「浜子！　あなたはいいものを産んでくれたね」とおっしゃられた時、私は、とうてい、父の存命中、親孝行なんか間に合わないのだ、父様が芳子によって、これほど人生の最後のよろこびを味わってくださるのなら、芳子には申し訳ないけれど、芳子に親孝行の代用をしてもらおうと思い、芳子は父様にさし上げる決心をしました。

芳子ほど完全な愛に守られた赤ちゃんは皆無だと思います。完全な愛に包まれた満五歳の芳子は、祖父の死後、一瞬にしてその愛の翼からふり落とされ、どう身を処してよいか戸惑ったと言います。両親の愛にも安住しえなかった芳子が、お祖父様をしたい恋うる姿に、私はどう手をさしのべてよいかわからないほどの、まだまだ未熟な若い母親でしかなかったのです。

後年、真実の愛を求めて、カトリックの信仰を持つようになった彼女は、「自分の信仰は祖父の遺産である」と申しております。

まことに人間を越えた愛は、神の愛でしかありません。父に死なれた後の私ども親子は、木から落ちた猿も同様な事になりましたが、悲しい時、さびしい時、うれしい時いつも父と一緒でした。父の面影の支えがあったからこそ、今日の私が、どうやらここまで生きてこられたと思います。

一昨年、八十八歳で父のもとにいかれた姑とは、四十二年間一緒に暮しました。父のそばに母を見送って、やっと私のお役目の一端が果たせました。

姉妹たちに対しては、どんな場合でも、父の大切な分身であるとの考えは、今も変わりありません。お互いに老齢に達そうとしている今、大切な余生をいたわり合って暮しています。

「君のあるところ常に春風駘蕩」との辞をいただくような、高潔清廉の主人は、四十余年大成建設株式会社を無事に勤め終り、ただ今、子会社、有楽土地株式会社の社長をさせていただいております。

三人の子供たち、芳子、一雄、雄三郎は親に似ぬ、鬼っ子とも言いましょうか、それぞれ満身の力を尽して、世の中、或いは会社のために働いており、その上、親孝行のお手本のような子供たちばかりです。それぞれにふさわしい、良い配偶者に恵まれ、幸福な家庭生活を営んでおります。孫は三人おります（玉にきずと言えば、孫が足りません。最低十人は欲しかった）。

やっとこ、すっとこ、ここまで渡ってきた私に、今日の幸せが、このような形でめぐり来ようとは、昔の私が考えてもみなかった事ばかりです。

たどたどしく書きつらねてきた文章も、敗戦国の国民ならだれでもが、それぞれ別の意味においても、歩むのが当然の道であって、これといって取り上げられるようなものでもありません。

ただ、真実をつらぬく心、それは真の愛でなければ行ない得ないというだけです。

塩せんべい一枚、あめ玉ひとつにしても、筋の通った本物で育ち、嫁しては、父に真実の愛を教えられ、物質的本物と、精神的本物で、今日までできた、そのたまものであるとしか考えられません。

今や、全世界は進歩発展の一路をたどり、科学の進歩は宇宙の制覇をなしとげようとしています。しかし、人間の心の問題は、人類創世記以来、進歩の跡が見られないのではないでしょうか？

私が今もなお欲しているのは、真実の愛です。

さけびたいのも真実の愛です。

平和な愛！

私は死ぬその日まで、これを求めるでしょう。

浜子の心のささえになったもの

戦争をはさみ、転勤、引っ越しを重ねたにもかかわらず、辰巳家には祖父の代からの什器や記録が数多く残されている。この時計は明治の初期から刻をきざみ、家族を見守ってきた。

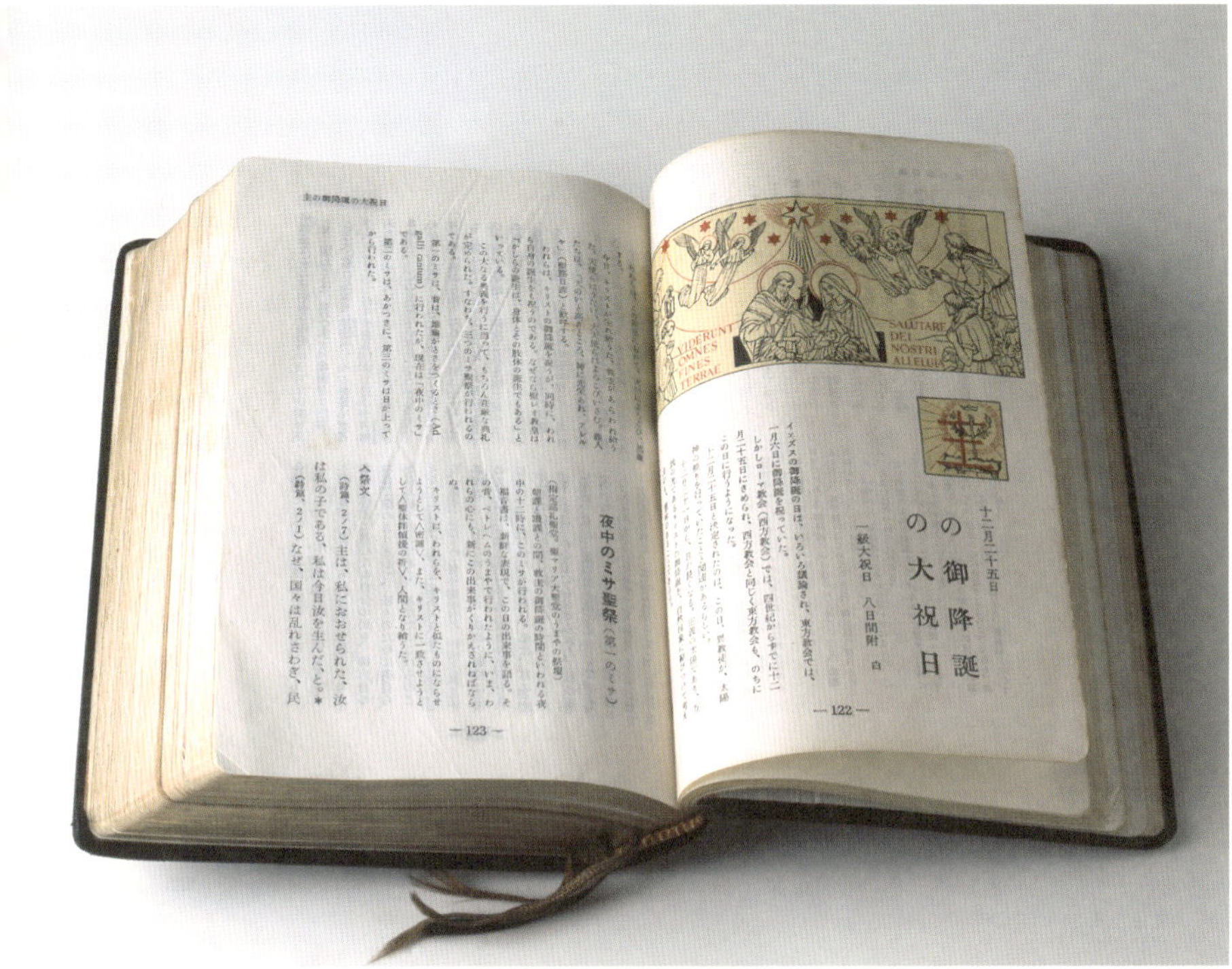

信仰

聖公会系の香蘭女学校に学んだ影響もあり、のちにカソリックの教えに帰依し、終生、生活の規範となった。

このベールは私がイタリアに学びに行ったおりに土産として求めてきたもので、グレー色のものはめずらしく、母はとてもよろこんでくれた。

ミサ典書とともにロザリオは、母の手になじんだものとして、私にとっては母を想うよすがとして、大切に大切に感じる遺品である。

趣味

茶道、香道など、さまざまなたしなみを趣味とも修業ともしたが、どれも奥義まですすみ、自分のものにしていることに驚かされる。ことにお香は名古屋時代に始まり、鎌倉に移って坂寄紫香先生を得て、自宅にお迎えしてお稽古場とした。季節、行事に応じて香りを組み立て、聞き分ける……その奥ぶかさに魅きこまれたのかもしれない。右頁の料紙は田中親美のもので、〝なぜか紙好き〟と自称するように、各種の紙が残されている。

水鳥長之記

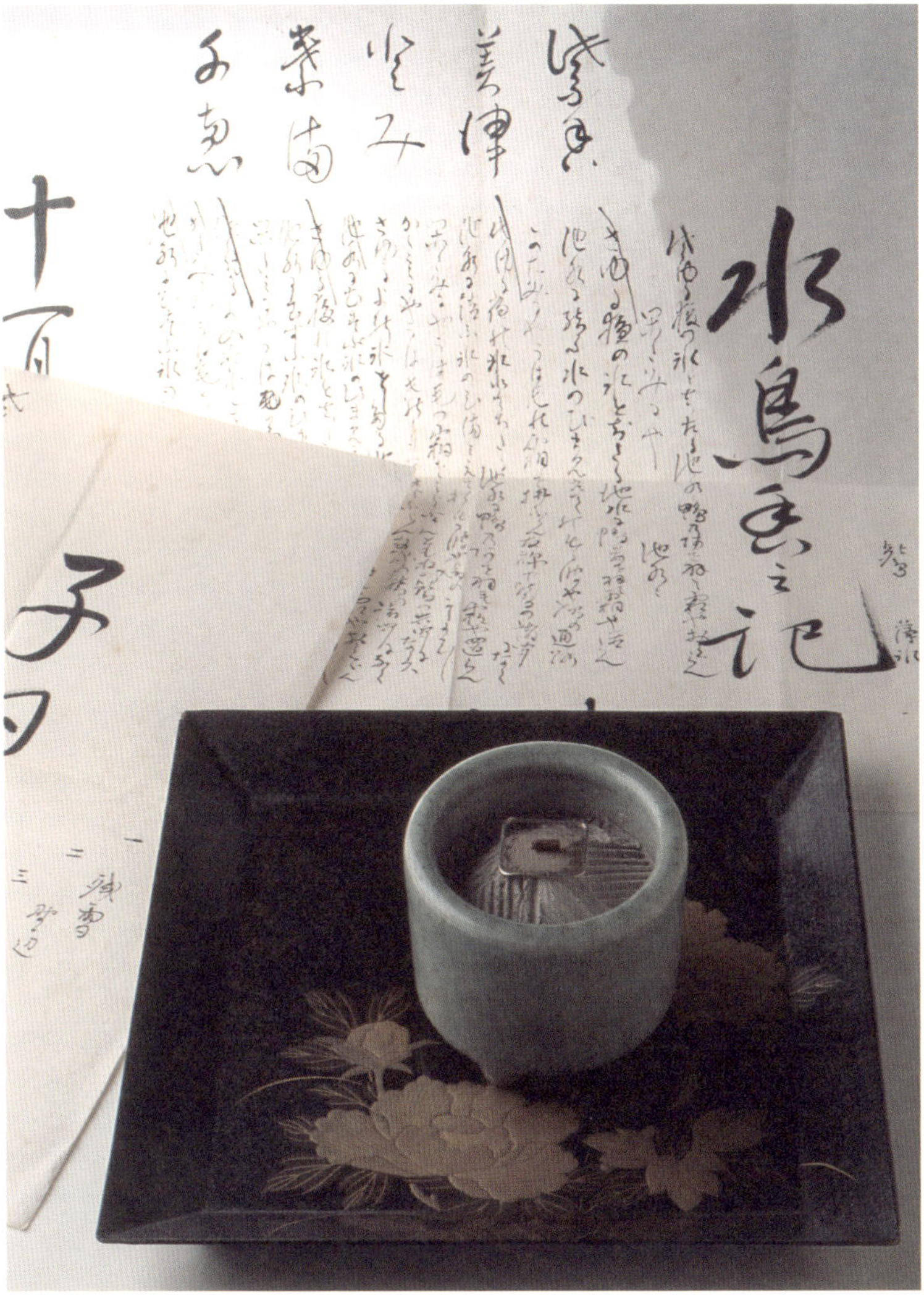

舅の存在

近隣に多数の義姉たちが住む一人息子のもとに嫁いだ浜子にとって、まさに支えとなったのは、舅の存在であった。明治初期にフランスに留学して造船を学んだ歴史を印すものが、わが家には数多く残されている。レジオン・ドヌール勲章（上。下は名称知らず）、スプーンなどの道具、そして南仏風をしのばせる料理の幾つかが我が家の味となっている。

夫への思い

想う人のボートを追って川添いを走った娘時代から、金婚式をへて、夫の看護に心身をつくすまで、ひとえに浜子の眼は夫に向けられていた。上は新婚旅行に着て行った、母好みの錦紗の着物。

夫・芳雄は大家族の一人息子らしく殿様気質の男子であった。家庭内のこと、経済的なこまかいことには口をはさまず、仕事では戦後の復興に力をつくし、家では妻の心尽くしの食卓を満喫した。幸せな夫と妻であった。

母・浜子の小伝

生い立ち

母は明治三十七年五月三十一日、阿部又三郎、阿部ハルの長女として、神田錦町で生まれ、母ハルのハと父又三郎のマをとって「ハマ」と名付けられました。

五、六歳の頃、漢口へ行くまで、母ハルの実家近くに住み、したがって母方の祖母の影響を深く受けながら育ちました。

この家で、二歳年下の弟、俊一も生まれました。又、ハルの実家には母と年齢が何歳も離れぬ、ハルの弟達がおり、この江戸前の叔父さん達の奇抜な遊びに加わり、神田・九段・駿河台辺りを我が庭のごとく走り回ったようです。

この頃の面影をつたえる一枚の写真があります。

髪はふさふさとした長目のおかっぱで、真中を丸くとり、大きなリボンと、椿の造花一輪で飾ってあります。

こっくりした藤色に、くす玉模様の着物、その上に白地に石楠花の模様の「大好きだった」縮緬のお被布を着ています。

左頁
お気にいりの石楠花柄の被布を着て、幼児期の記念写真。りんと張った眼の力強さは、成人後の意志の強さを感じさせる。

のびやかな濃い眉、黒目勝ちの大きな目、ふっくらしたほお、花咲く日の待たれる、桃の蕾のような表情をしています。

この写真の髪はよそゆきで、自分で結ったものとは思えませんが、「どんなにひん曲っても自分の髪は自分で結いたい子」で「ママに叱られた」と言っていました。

後年、私に聞かせた、下町風景の数々、先ず、物売りの声に始まり、焼芋が焼き上がるまでの手順、飴屋がさらし飴をひっ張る時の身ごなし、煮豆が、「キンチャーン煮タテエー」だったり、「えんどう煮タテエー」だったりする話。

支那に行く前の幼子としての身辺への開眼、又異国から帰り、彼の地と比しての観察が重なり合っての話と思いますが、何度聞いてもあきない、動きのある話でした。書いておいてもらわなかったのが悔まれます。

このように、幼年時代を下町の庶民の才覚と人情を満喫して育ったことは、母の一生を貫く気風の下地を作ったように思います。

支那に行く

就学前と聞いていましたが、又三郎は、当時、大倉鉱業に務めており、漢※口赴任を命ぜられました。

「パパは一足先に行ってね、後から、ママと俊ちゃんと三人で行った」

「ハマちゃんや、おハルのことを頼んだよ、と神田のおばあさんに言われてね」

「あの頃は、日清、日露の戦いのあとだったから、日本は得意の絶頂、支那人のことをチャンチャンボウズなんて言っていた」

「ママは行くのをこわがって、水盃をする騒ぎだった」

「ママが船のペンキの臭いで御飯が咽を通らない。〃せめて、あみの佃煮あったなら〃と言うものだから」

おハルさんを頼まれた五歳のハマちゃんは長崎で下船し、町をボーイに手をとられながら、あみの佃煮をさがして歩きます。

幸い、長崎にもあみの佃煮があって「助かった」、これでおハルさんは御

※漢口
中国湖北省東部の都市。

飯を食べられると思いきや、船はハイカラで洋皿ばかり、白い洋皿に盛った、白い御飯、「これじゃお茶漬けができやぁしないって言われて……」この時のことをうっすら涙さえ浮べ、ややむきになって話す母、それでそれでと話をせがむ私。私の脳裡には、何時の間にやら、イソップの鶴が、ひさし髪、粋なぬき衣紋姿にすり替わり、皿を前に首をふっている光景が面白おかしく浮び上がって来るのみで、母の涙は理解出来ませんでした。

漢口の暮し

漢口へは揚子江を三日がかりで上って到着しました。

家は日本租界の中にあり、ここで十二歳になるまで過します。

私の家にこの家で使っていた、手工芸のレースのカーテンが残っています。昨年、母にすすめ、間仕切りとして復活させたこのカーテンは、幅一メートル、長さ三メートルありますから、天井の高い洋館に住んでいたと思います。

台所には、それに続くディスペンサーがあり、イギリスの船が入ると、「ママがビスケットや、細長い縞模様のキャンディーをいく箱も、いく瓶も買った」。

それかこれか、母は終生、ビスケットとキャンディーはイギリスびいきでした。

ディスペンサーには、印肉色の布に包んだハム、幹なりのバナナが下がっていた、卵もザボンも籠に一杯だったとか。

バナナを数えて食べていた私には、漢口のディスペンサーは、「開け　ごま！」の話でした。

後年、母の買物が、なんでも「一箱持っておいで」式だったのは、バナナの幹の影響ではないかと思います。

年若い又三郎の給料でこんな暮しの出来たのは不思議ですが、「とにもかくにも、物が安くて安くてお金の使いようがなかった」そうです。

当時の支那は、弁髪、纏足《てんそく》の人もまだおり、籠に子供を入れて売り歩く姿も見られたのです。風土病も多く、それで殆ど、日本租界の中だけで暮しました。

したがって学校は租界の中の日本学校で、寺子屋式の授業を受けたに違いありません。

支那での生活は、足掛け六年で終ります。これ以上長期にわたらぬ方がよかったと考えられることに、当時の支那の階級差別があります。

「漢口の夏は、屋根の雀が落ちる程の暑さで、あせもなんかでも角がはえたようになった」「扇風機なんかありゃしないから、部屋の中に帆のようなものが仕掛けてあり、別室からボーイが綱をひいては風を送るようにしていた。そうしないとねむれない」

ボーイは勿論支那人で、送風作業のおかげでねむれる人は、ねもやらず風を送る人のことはあまり苦にせぬ習慣でした。

これは、ほんの一例と考えられるので、十二歳で帰って来られたのは、人格形成にすべり込みセーフの感があります。

漢口で俊一の下に久枝という女の子が生まれました。

＊

支那から帰って、四ッ谷に住み、四ッ谷の小学校に通いました。女学校は、香蘭女学校を選びました。
香蘭に入ってから、学校が豊沢にあったので、目黒の長者丸に住むようになります。

阿部の家では、長者丸に移ってから漢口生まれの久枝の下に、黎二・三郎・百合子・満智子の子供に恵まれました。両親と子供七人、使用人を加えて、十二、三人の人達が、母ハルの善良で明るい人柄を中心に、白いものはつねに白、黒いものは黒と言える、かげりの無い家庭生活をいとなんでいました。

生い立ちの周辺

母の姿を見ていると、切れぎれに耳にした父方、阿部の家と、母方、坪田の家の話に合点がゆきます。
話が遠まわしになりますが、何処の家にもある、その家の小さな歴史をやはり素通りせぬ方がよいと思いますので、正確を欠くと思いますが、書いてみます。

阿部家の人々は代々、新潟北蒲原に住み、廻船問屋をいとなんでいました。日本海の荒波を木造船で、北は北海道、南は堺までの貿易でした。

又三郎は、末っ子でした。兄達はそれぞれ一艘ずつ船を持たされ、貿易を競っていました。ところが、ある年大暴風雨に逢い、兄達は一夜にして、水夫、積荷もろとも日本海の藻屑となってしまいました。

この不幸な出来事のために、「角伝」と呼ばれ、代々続いた廻船問屋は再起不能となったのです。

私は又三郎が、「自分は、爐辺でお父さんのお酒の相手をながながさせられ、それに懲りて、酒は飲むまいと考えた」とつらい回想をもらしたのを覚えています。

日本海沿いの海辺の村。

雪にとざされた北国の夜長を、老いた父は末息子に、自慢の息子達が勢揃いしていた、隆盛の日々を語らなかったはずはありません。又三郎は「勉強が大好き」で、東京へ出て早稲田大学、商学部の一期生になりました。

母は、支那から帰ったある夏休みを北蒲原で過したことがあります。

「ちゃんと絽の単衣を作って待っていてもらった」

「爐辺に坐るには場所が決まっていた」

「台所には〝どっこん水〟と呼ばれていた湧水があって、三段階の水槽で順ぐりに受け、使い回しをしていた、田舎の生活って、大したもんよ」

このような話から新潟の阿部の家を頭に描き、又三郎に備わっていた真似の出来ない丹念な性分と、思い合わせることが出来ます。


母ハルの生家、坪田の家は、東京神田で仕出し屋をしていました。仕事の流れの采配はハルの母が引き受け、ハルの父は御飯炊き専門と聞きました。思えば、日本の弁当で御飯の占める役割は、無言のようでありながら、決定権を握っていると言えましょう。

ハルの母は、美人ではありませんでしたが、生粋の江戸っ子で、黒繻子の前掛けを離さず、全身、管理能力に満たされていたような人でした。

ハルの父は妻にひきかえ、鼻すじの通った美男で、私が十二、三歳の頃まで元気でした。「なんまんだぶ、なんまんだぶ。ありがたい、ありがたい」と一息ごとに繰返していましたから、信心深い人であったに違いありません。ハルは長女で、神田小町とうたわれました。女の目には鈴をはれと言いますが、若い頃の写真をみますと、こういう目もとを言うのかと思う程、愛くるしいのです。

勉学中の又三郎が、ハルを見染め、結婚に至ったことと思います。

ハルには、弟が二人いました。

大きな籠に

母が日本へ帰ってから十六歳までのことで、特筆すべきことは、おばあさんとのかかわりだと思います。

「心」と「魂」とでは、どのような違いがあるのかとたずねられても、私は答えられませんが、その「魂」と言いたい方の涵養に深い影響を与えたのは、おばあさんではないかと思うのです。

父、又三郎の新潟調。（最近、テレビで村上※の寒塩引きを作る過程がとり上げられた。ここに、私は又三郎の性格の原型を見る思いがした。）

母、ハルの南欧の婦人のような明るい、単純とも言える善良。これらの影響を抜きに母を考えられませんが、おばあさんのは、母を見込んで「意識的」に「もの」と「もの事」の世界へ孫娘を伴い、手間ひまかけて養い育てた形跡があるのです。


神田の家は、主に一般的な仕出しをしていましたが、神田警察の近くであったため、所員と囚人のお弁当も作っており〝神田の囚人弁当〟という異名を持っていました。

おばあさんを偲ぶ話に、

「どのお弁当もかならず目を通し、手をかけたい人だったから、仕事の流れの最後に陣取り、そこから全体の指図をしながら、回って来るお弁当の御飯を箸でなおし、丁寧にお漬物をおさめて〝はい　出来上り〟」

母が、二本の指を箸にし、左の掌をお弁当に見たてての、身ぶり、手真似

※村上の寒塩引き
新潟県・村上市は旧村上藩の城下町で、町中から日本海に注ぐ三面川を鮭がのぼってくる。その鮭に塩をし、磨き、干す丹念な仕事で塩引きは作られてきた。

に、江戸風の甘辛好みのお弁当を目前に見る思いがしたものです。

囚人用の麦飯弁当に漬物をおさめながら、

「ハマちゃんや、こういう人にこそ、力をつけてやらなくちゃいけないいんだよ」

「何百本というお弁当の動く中で、おばあさんは、そりゃ囚人弁当に心をこめてた」母はなんと誇らし気に私に話をしたことでしょう。

「魚のお煮付け、お芋の煮ころがし、御飯などは、かならず鍋底、釜底のものが出るでしょ、神田には苦学生が多かったから、それで苦学生用のテーブルを用意しておき、何時、誰が来て食べてもよいことになっていた」

「残飯は、御飯とお菜に分け、店の裏に出しておいて上げる、これは立ちん坊用（ルンペンのこと）〃出世前の人に残飯は上げられないからね〃って苦学生に残飯は食べさせなかった」

「神田の坪田から目黒の阿部へのとどけものは、何時も立ちん坊が大八[※]で持って来た」

これらの話は、私の大好きな話で、渇仰の念にかられつつ、想像力のありっ

※大八　大八車。

たけをかき立てて聞いたものです。

このようなおばあさんの側で、

「私のために用意しておいてくれた小さな俎板と包丁、野菜の尻尾で遊んでいた」

金太郎のような男の子と言えば通り相場ですが、母の子供姿を「金太郎」のようだったと評した人がいました。

金太郎のようなハマちゃんは、おばあさんの側にばかりいられるはずがありません。ハルの末弟から「ハマてき」とさえ呼ばれていた程ですから。神田から宮城くらいまではお茶の子で、お壕の土手で摘草をする。はては番兵の目をかすめてお壕の鯉を頂戴して帰る。

「はね上がる鯉を羽織の下に押え込んで、九段坂を走りに走った」

おばあさんが、母を河岸に連れて行き始めたのは、やはり、十四、五歳の頃からでしょう。自著の『料理歳時記』の蜜柑の項に、

「お前さんも大人になるのだから、そろそろみかんの味を教えておかなくては」と祖母に連れられて歳暮景気のにぎやかな神田多町のよせ幸（青

果物問屋）に連れて行かれました。よせ幸のおじさんは、山と積まれたみかん箱をポンと開けては、一つ取り出し、真二つに割り、半分を祖母に渡し、一袋つまんで引き出してお互いに口に入れ、「いかがでございましょう、やはりこれでございましょうなあ、このへんのものはお子供衆によろしいと存じますが」といいながら、九州、四国、紀州、広島、静岡と一袋食べてはの品定め。年内用は九州もの、正月にかけては紀州もの、台湾のポンカンは来客向き、すごろくみかんは子供用と、大八車一台にみかん箱が積まれます。とにかく、真二つに割ったみかんのなかから一袋味わうだけで二袋とは口にしませんでした。次から次へ試食しては、それではこれ、それよりもこれとテキパキ決めてゆく祖母は、そのたびに「はい浜子」と、私にも一袋一袋と味わわせました。

種のあるもの、皮の薄いもの厚いもの、肌ざわりのよしあし、祖母とおじさんの言葉のやりとりを一言もききのがさじと、なるほどみかんはこうして買わなければならないものと知りました。みかんの季節がくると祖母をしのび、よせ幸のおじさんの薄くなったたいが栗頭を想い出します。

十五、六歳の小娘時代に、目に見せ、手に取り、知らしめてくれたことは、祖母にとっては当り前のことだったのでしょうが、今の私には尊い、かけがえのない教えになっております。

とあります。

大根の種類と用途の違いを、山なす河岸の大根で教わった。

魚の旬と良否の見分け。

こっちが江戸前、あっちは場違《※ばち》だよ。

勿論、よりどりみどりの河岸での話です。魚一尾の使いまわしは、上身と下身の区別まで。

これが本当の酒蒸し餡パン、焼芋ってものは、煮豆ってものは、こうでなければならないもの、カステラは包丁なんかで切るんじゃないよ、割っておー上がり。

我が家のお惣菜に、胡瓜と油揚げの胡瓜酢和えがあります。これはおばあさんの直伝です。

※場違　本場からの産物ではないこと。

油抜きした油揚げを二枚に開き裏側のもろもろをこそげ落とし、油揚げは細切りにし、胡瓜、油揚げの細切り、もろもろの三者を和えるのです。

「もろもろが、胡瓜の水気を吸いとって工合のよいもんだよ」

七十歳をこえたハマちゃんは、祖母が教え含めた、そのわけを流し元で繰返していました。

「もの」の本質を感覚を通して、なんと克明に紹介していったものでしょう。

子供に一個の林檎を見せて描かせた絵と、籠一杯の林檎を見せてから描かせた絵とでは、全く躍動感が違うと聞きました。

おばあさんは、繰返し繰返し、大籠一杯の林檎を体験させ、三子《みつご》の魂に生命の息吹きを吹き込んだのです。

大型の、愛すべきおばあさんは、惜しいことに、五十九歳で脳溢血で亡くなりました。母が十六歳の時でした。

一歳から五歳まで、中おいて、十二歳から十六歳まで。人間の下地を作るに、充分な時間であったと言えましょう。

＊

母が香蘭女学校へ通っていた頃の日常生活が手にとるようにわかるものがあります。

母の書いた『みその本』の一節です。

台所からかつお節をかく音がひびいてくる。やがてすり鉢でみそをする音がゴロゴロ聞こえだす。もう朝が来た！　そろそろ起きないとおそくなる。着がえをすませて洗面所へ、化粧部屋にはいると、鏡台の前にたとう紙が敷かれて、平たい金だらいの中に、びなんかずらがひとひら沈んで、くせ直しの熱いお湯が置いてある。

心持ちとろみがついた熱い湯の中へ指先を入れて、フウフウと口をとんがらかしてしぼりあげ、地肌をもみながらくせ直しを始める。油じんだつげの荒ぐし、とかしぐし、すきぐしなどを使い分けながら、ユニオンの赤いローションをふりかけて長い髪を念入りにすく。そのころ決まったように、かつお節のだし汁を引くにおいが流れてくる。早く髪を結いあげないと朝のご飯に間に合いませんよ、とまるで合図でもあり、催促でもあるかのように。

「そろそろ、お汁をおつけしてもよろしゅうございますか。」

と声をかけられるころ、リボンを結び終わって、両横をそろえてちょうちょうのようにふくらみをつけるころとがいっしょになる。合わせ鏡をあわてて置きながら、

「ハイ！　どうぞ。」

と返事をする。手を洗ってお茶の間にはいると私のすわる場所にはもう湯気の立ったごはんとおみそ汁がならんでつけてある。

「おはようございます。いただきます。」はいつも一声。お椀の中をはしでちょいとなでて、ひとくちすすってふくむ。お豆腐のときも、大根と油揚げのときもわかめのときも、いつも最初のひとくちがおいしい。ごはんをひと口食べてまたお汁、このかわりばんこのふたくちみくちがまったく大好き。なんともいえないおいしさで、のりや塩物やお豆にはいつもその後にはしが出る。二ぜん目のお代りのころに。

「鏡台のまわりは、まだそのままですよ。くせ直しの水をすててきちんときれいにしてからはかまをおはきなさい。」

と向こうのほうから、母の声がかかる。今朝もまた見つかっちゃった、と首がすくむ。あわてて鏡台のところに行くと、

「いいですよ。片づけておいてあげますからはやくお仕度なさらないと学校におくれますよ。」と
応援部隊に敬礼し、はかまをつけて、元気いっぱい「行ってまいります。」と玄関へ……。

大家内の朝の台所はごはんのふくにおい、みそ汁から立ちのぼるにおいにはじまり、そのにおいは風の流れ方であらぬ方へ流れ渡り、鼻先をくすぐり、朝の食欲の刺激のいざないになるのでした。次から次へと起き出してくる弟や妹の身のまわりの世話、台所であらかじめの詰合せを終わったお弁当を茶の間の食卓の上にならべて湯気をさましながら、最後の点検のために奈良漬け、紅しょうが、塩こんぶなどを一はし、二はし添え終わると、はし箱と、お弁当ふろしきを、めいめいのお弁当のわきに置き合わせながら、

「今日のお三時は何にしましょうか。」

「△△子は何時に学校引けますか。」

「○○さんは何時?」

たえまなく六人の子供たちに声をかけながらごはんの食べっぷりや目の動き、身のこなしなどを観察しながら、

「朝はまるで戦争のよう。」

と、目まぐるしく、元気いっぱいに家中が動いた半世紀前のそんな生活の中で育ってきました。

たしかに母が育った頃の阿部の家は統制のとれた活気に溢れていたようです。

私共の父と母の出合い

母の宝石箱に、今も大切に、銀製のラグビーのメダルがしまってあります。

「お父様にもらった。早稲田カラーのリボンをつけて懐中時計の飾りにし、袴の紐から下げていた」

父、芳雄はラグビーの草分けで、早稲田のフォワードでした。

このメダルは、早稲田が作った最初のメダルで、青春の金字塔であったと

左頁上・父芳雄は早稲田で、冬はラグビー、春はボートに熱中した。浜子は川添いにレガッタを追いかけ、声援を送った。下は父が母にプレゼントしたか、母がねだったか。帯止め、根づけに加工して身近につけていたらしい。右はラグビーボール、左はボートのメダル。

早大蹴球部選手
紅白試合
大正十一年秋

REGATTA
1932

思います。

「上げた」のか「欲しがった」のか、小さなラグビーメダルは、両親の若き日の愛の形見でありましょう。

当時、ラグビーを応援に行く女性は少なく、ラグビー場での母の存在は羨望のまとであったようですし、桜散る隅田川を、父のこぐエイトを追ってポンポン蒸気に乗ったとか、子供達は出し抜かれた感がしないでもありません。

阿部一家が、長者丸に移って来た時、辰巳一家は、すでに長者丸に住んでおり、それは背中合わせの距離でした。

辰巳の娘達三人も香蘭に通っており、自然の往き来がありました。

父は幼少の頃、実母を亡ない家が淋しかったので、阿部ハルのあたたか味は、阿部の家に親しみを抱かせたに違いありません。

父が早稲田の制服姿で、母の弟達の野球のアンパイヤをしている写真があったり、母の弟妹達が父を「よっさん」とか「よしョにいちゃん」と呼ぶのは、考えてみれば、父が阿部の家族と結婚前から馴染んでいたからではないかと思います。

「土曜日ごとに銀座の『さえぐさ』へリボンを買いにゆき、マーガレットに結った髪を飾っていた」

「女学校三年からは銘仙でなく米琉を着せられた」

母はスペイン風邪で一年休学しましたが、大正十二年、大好きな香蘭女学校を卒業しました。

父は、大正十三年、早稲田大学商学部を卒業、現在の大成建設、旧大倉土木に入社しました。

十三年三月、二人は、大倉喜七郎・久美子御夫妻の御媒妁で結婚しました。大震災の翌春のことです。

新婚時代

世に家風と言いますが、結婚に際して、見落としてならぬのは、相手方の人情の土目ではないかと思います。

＊

辰巳の家は代々、前田家の家臣で、三河から前田利家について加賀に入った、三十五人衆と呼ばれていた者の一人が先祖です。

私の曽祖父は殿様のお側近くつかえた人でした。生涯袴をはずしたことがなく、朝に夕に、次の間から膝行で、殿様の写真に御挨拶をし、次に観音経をとなえて、一日を始め、一日を終えたそうです。端然とした暮しぶりの話は、子孫であることに恐縮を感じる程です。

この曽祖父があって、祖父の一《はじめ》のように、厳しい勉学に耐えられる人間が育ったのではないかと思います。

祖父一は、母が第二章に書いた通りの人でした。

祖父は、最初の妻がチフスで四人の子供を残して逝き、二度目の妻は、六人の子供を残して、三十七歳で癌で亡くなりました。

三度目は、子供の出来ないはずの人をさがしました。

曽祖父、曽祖母、祖父一は、力を合わせて、辰巳の家の愛の土目が荒れぬよう務めました。至難の業であったと思います。

左頁
芳雄と浜子の結婚を祝して、大倉喜八郎氏（大倉財閥の総帥。大倉土木の社長）より贈られた賀詞。下は喜八郎夫人より浜子がいただいた抱き人形。実は宮家から伝わったものらしい。

辰巳芳雄
河都さほる雨の
結婚をことほきて

わが庭の
ちっ末の松をを
の代に
みどりを
そひて
栄えよ
正しく

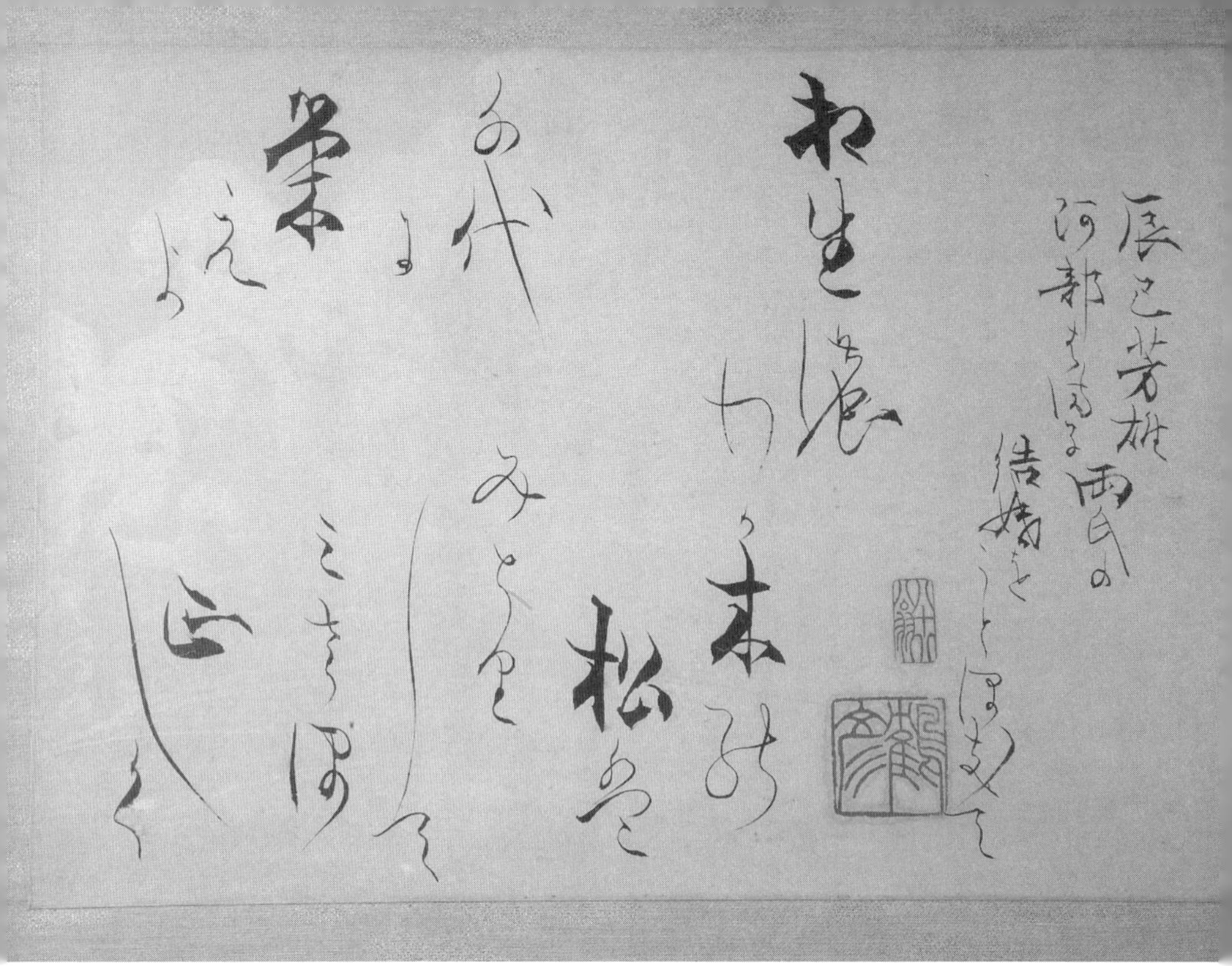

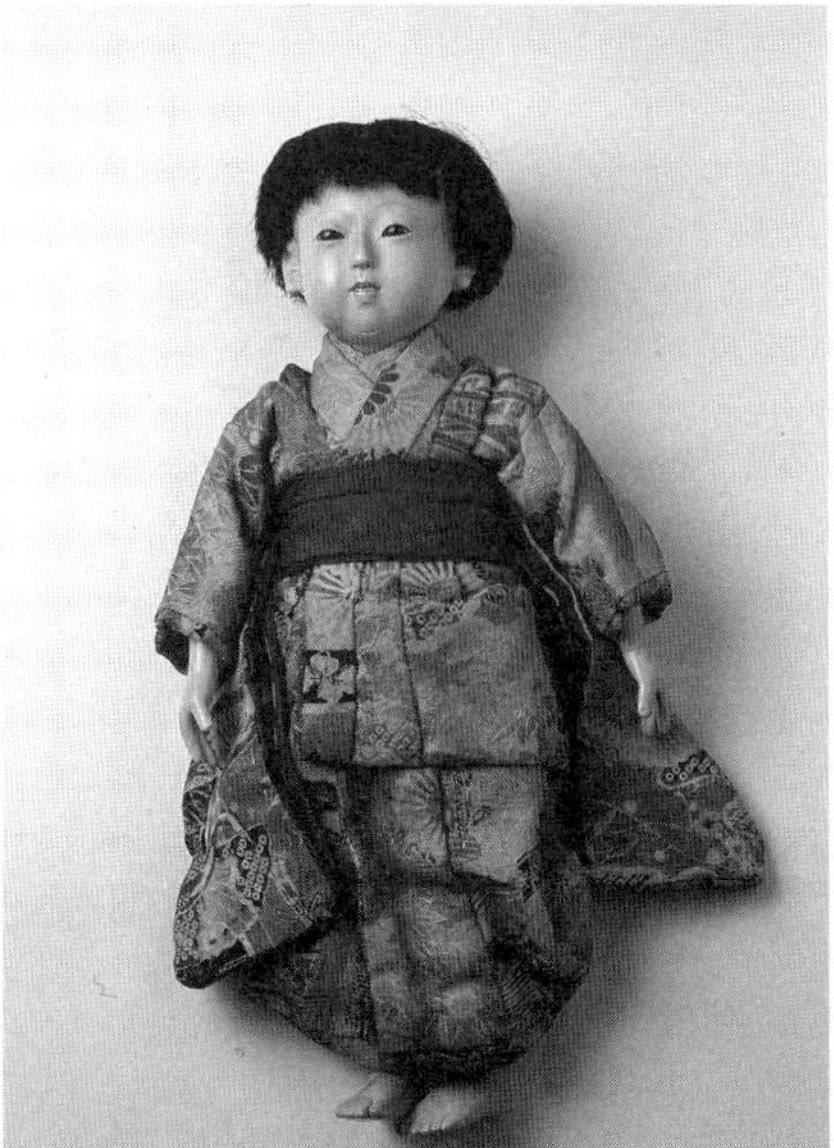

新婚生活は、辰巳の両親の家で始まりました。生家の水入らずに比し、その大奥もどきに母はその日から困惑をきわめます。しかし、なんと言っても、もと金太郎ですから、うじうじしていたはずはありません。

母が奮発心をもやし、いそいそと働いていた姿をしのぶよすがとなる、薄いノートがあります。それには家事に関わりある、様々のスクラップが貼ってあり、折々の献立も書いてあります。中に、富美子様御結婚送別会、次に、お里帰り献立と記してあり、七、八品が書いてあります。

当時私を妊娠中でした。少なくとも、十人を超える人々の食事を作り、その上、日本間のお給仕をしたはずです。

＊

祖父一は、十三年秋に、

行く迄の道は中々遠けれど
末の楽しみありと思へば

と、道を行く夫婦を描き、この歌を書いて、励ましています。

＊

私が生まれてからは、スープの冷めぬ距離に別居し、ほうせん花やコスモスの咲く小さな借家で昭和元年長男一雄が生まれました。一雄は、「阿部のママが、今度は丈夫な子を産むようにと、明け暮れ、滋養物をとどけた」、そのおかげで一貫目を超えて生まれました。

この家で祖父一が亡くなるまで、丸五年間暮しました。

苦難の時代

母は数え二十七歳から三十七歳頃まで、実に重苦しい苦労の連続であったと思います。何時、晴れるともない暗雲を、年端のゆかぬ私でさえ感じていたくらいです。

暗雲は、阿部ハルが、昭和五年六月、四十四歳の若さで胃癌で亡くなった時から、辰巳・阿部両家の上にたれこめ始めたと言っても過言ではありません。

ハルは、五十歳前半の夫と、六人の子供を残しました。下は九歳と七歳の女の子でした。当時、母は二十七歳、第三子、雄三郎を妊娠中でした。

阿部の家の日常の責任を長姉であった母は自然に負うことになりました。これを称して、「私は夫二人、子供八人の面倒を見た」は過大な点もありましょうが、大奥への気兼ねもあり、母の実感であったと思います。

昭和六年一月、私共の平和の柱と頼む、祖父一が亡くなりました。

一は臨終の床で、グラスに白ぶどう酒を満たさせ、親しい者達と乾杯をかわし、謝意と別れを表して逝きました。

当時、私は五歳でしたが、祖父の面目をかい間見た、貴重な数分間でした。

母は、帯とく間もない、十四日間の看護をしました。

その日、多くの下働きも居ましたのに、母は、寒中、素足で昔風の玄関のたたきを水洗いしたそうです。

その姿が目にやきついているという叔母がいます。単にお弔問客の準備でなく、母の持ってゆき場のない思いを察します。

不幸は続くもので、実父又三郎は、鉱山の見込み違いで、大倉鉱業を辞職します。

昭和七、八年、母三十歳の頃のことです。

父の出征

昭和十二年七月、支那事変勃発。秋には、四十二歳の父が召集を受け、近衛歩兵第一連隊に入隊しました。

第二次大戦になってからの出征は、極秘の形で行われましたが、当時は歓呼の声と日の丸を打ちふって、兵士を送ったものです。

父の隊は、神田から品川までの道を隊列を整えて行進することが前もってわかりました。

母は征く夫の胸を菊の花で飾りたいと考え、ひたすら夫の胸を飾りたい一心で、とうとう、小隊全員に、大輪の白と黄の菊の花を贈りました。

戦時の小隊編成は、二百人。

四百本の花を何処へ、何時注文したのでしょう。

又、兵士達に花を贈る許可を、短時日の中に、どのようにとりつけたのか。

旧陸軍の軍律の厳しさを知るものにとって、驚異です。

その日、小隊全員の兵士達は、薬莢に二輪の菊をさし、胸を飾りました。

母と、弟雄三郎と私は、神田まで行き、菊の香かおる隊伍の最前列を行進する父の横に従い、恥しいとは思わず、品川までゆきました。

若い日にスポーツで鍛えたとはいえ、長年の会社生活、すでに四十二歳の夫が、八貫目の完全軍装に、おいおい息も荒く、額の汗をぬぐうのを、母は鋭い視線で見上げていました。

私共のように、隊列に従って歩いている者は無かったようですが、あの頃はまだとがめられませんでした。

*

当時、戦地への慰問袋は、連隊へ持って行くと、個人宛に自由に送れました。母も初め二、三回は、この形式で送っていたに違いありませんが母の思いは満たされず、とうとう慰問箱を作ってしまいました。

箱は、二ダース入りのビールの空箱を利用しました（ビール箱は木製だった）。

Aの箱は、開ければ、ウイスキーの酒盛りが出来るよう、ウイスキー、チーズ、ソーダ・クラッカーでぎっしり。

Bの箱は、日本酒の宴会用で、富久娘の罐詰、うるめ丸干、お煎餅、塩豆でぎっしり。

Cの箱は、干しそば、海苔、やげん七味、それに手製の出汁のもと。出汁のもとは、鰹節を、二、三本かき、みりん、酒、醤油を加えて、煮つめ、さらさらに炒り上げたもので、湯を加えれば、極上のつけ汁になる、といったものです。

これらは将校行李で送りました。将校行李は、速やかに、確実に戦地に着いたからです。

伍長の父に、将校行李を適用してもらうには、一工夫したのでしょう。

これらの箱は、全部無事父の許につき、父の分隊は野戦宴会を開きました。

父は食料品店の主人と思われたそうです。日を経ずして、「お前達の方は何を食べているか」と大心配の手紙が来て、母は天にもとどけと笑っていました。

母は、父が出征前夜、飲んだ水差しの水を帰るまで捨てませんでしたし、煙草も同様、吸いがらを包み、大切にとってありました。

就床前には、長いこと祈っていました。その姿は、昼間の屈託ない笑声とは、打って変った、本心むき出しで、私は「お父様が帰らなかったら、本当に大へんなんだ」と、しんとした気持にさせられました。

父の留守中、長男一雄は肋膜炎で安静生活をしていました。

十三年春には次男雄三郎が重症の疫痢で九死に一生を得るという大事もありました。

母は、父の帰りを、命の糸を握って離さぬ気持で待ちました。

父は中支を転戦し、徐州作戦に加わりましたが、攻撃前に胸膜炎を起こし、送還されました。
十三年七月十五日
「アスアサシュッパン、キコク、ホヨウノメイヲウク」ヨシオ
の電報が入りました。
洗濯をしていた母は、狂喜して親類に連絡しました。父の妹の主人に「浜

子さん、「飛行機代を上げるから飛んで行きなさい」と言った人がいました。

私達は勿論地上を夜行にゆられ、広島まで行きましたが、母は、終生、そのあたたかい言葉を忘れませんでした。

＊

父は、送還されて後、広島陸軍病院に一ヵ月程おり、八月中頃、東京世田ヶ谷の陸軍病院に移りました。

極度に栄養状態がわるくなっている父のために、母の大車輪的な病院通いが続きました。目黒から世田ヶ谷まで殆ど毎日、両手に荷物でした。

それは、十二月に退院するまで、四ヵ月続きました。父が兵役免除になり帰宅後、母は積る疲れのため、原因不明の熱を出し、寝込んでしまいました。

親類の医者は一部始終を聞き、「こんなことをさせていたら、浜子さんは死んでしまう」と父は叱られたそうです。

昭和十四年から二十年まで

昭和十四年十月、健康を回復した父は、大倉土木名古屋支店に赴任。父も母も心機一転、市内千種区覚王山、末盛城址の際に、小さいけれど便利な家を借りました。

名古屋に移ってから、あの重苦しい暗雲はかき消すように去り、父も母も晴ればれと、二人で朝食前の散歩を楽しむこともありました。

又、日曜ごとに家族そろって、郊外へ年中ピクニックに行きました。

東山の植田山ゴルフ場は、当時開いたばかりで、メンバーは少なく、家庭的で、落着いていました。父はゴルフをし、母は軽いおしゃれで、クラブ・ハウスでくつろいでいました。

この頃でしょう、母は何年ぶりかで、着物と帯を作りました。

着物は、あずき色のポーラで、黒うるしの細い縞が入り、ところどころにやはり黒うるしで、うず巻模様が入っていました。

帯は、紫紺と白茶の市松の袋帯でした。私は母が着物を作れるようになったのがうれしく、ばかに喜びました。

母もそれを忘れず、「あなたが喜んだ」と時々思い出話をしたことがあります。女は着物を見ると、着物にまつわる出来事をまざまざと思い出します。

母が苦労していた頃のものは、端切れ一枚いとおしくてなりません。

母も、そのポーラは、思いきりよく人に上げたりせず、後年、丹念にうず巻きのうるしをのぞき、黒に染めて、一重のほこりよけにしました。

昭和十四年、十五年は、束の間のひなたぼっこ。十六年には大戦に突入、市井の者達の喜びも悲しみも、すべてこの激流がさらって行きました。

母は桜沢如一先生の影響を受け、十五年には主食を玄米に切り換え、そのうえ畠作りを始めていました。

よそ者の母がやっと借りた土地は、肥料をてっぺんから流せば、全体にゆきわたる程の急勾配、石ころだらけの土質でした。

先ず、さつま芋から始め、小麦に挑戦、合い間にはそばも作りました。

先行きの食糧困難を見抜いてというよりは、近所の名古屋の人達が、我が家の十倍の金持でありながら、大なり小なり畠作りをしたり、腰の曲った御隠居さんまで、弘法様まいり用とて、花束をくくり、小遣いかせぎをしておいでなのを見て、見習ってみようと思ったのではないかと思います。

世に名古屋式をしぶちん呼ばわりする人もありますが、母は虚飾のない日常に感歎し、大いにとり入れました。

見習い百姓は、じりじり近所のセミ・プロを追い上げ、食べ盛りの子供がいても主食は余裕が持てるようになりました。

そうこうするうち、野菜専門の畠地も手に入れ、この方は、他人様にお分けする程の収穫でした。

十七年に入ると学徒の勤労動員が始まり、同年後半から、中学三年の長男一雄は、三菱重工大幸工場へ航空機部品のプレスの仕事を。十八年には、やはり三菱重工の今度は鋳造工場へ本格的動員体制に入りました。一週間おきに徹夜作業もする有様でした。

この作業場は至って危険で、本来なら未成年者に行わせ得ぬ仕事でした。ある時など、合金のたぎっている釜の底が抜け、弟は九死に一生を得ました。三菱重工の鋳造工場の地響きは夜の静寂をぬって、枕にひびきました。私

左頁
若き日そして新妻だった時期の浜子の料理勉強のあと。紙が貴重な時代だから、学校のノートにスクラップを張ったりもしている。古色のしみたこんなノートが何冊も残されている。

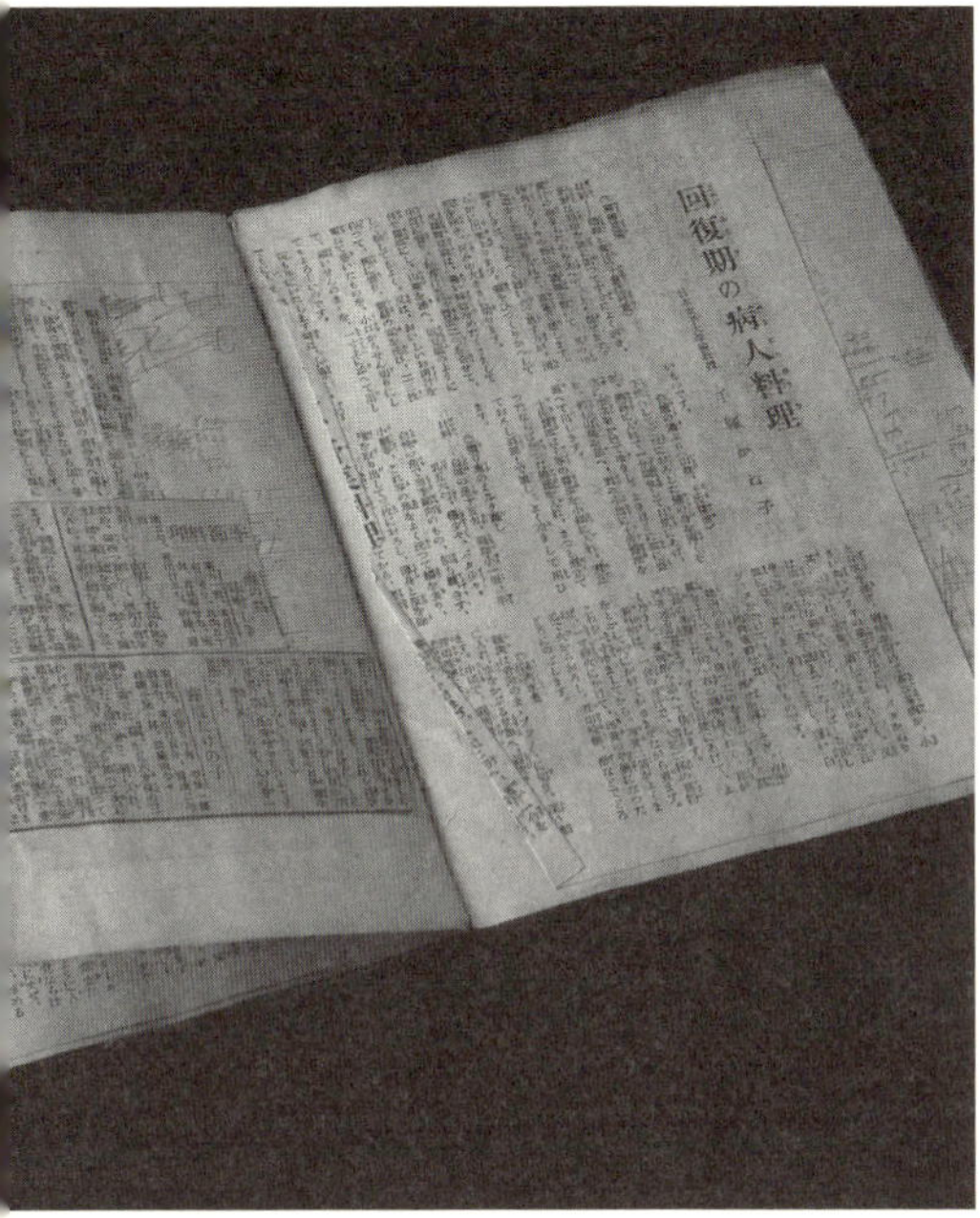
回復期の病人料理

NOTE BOOK

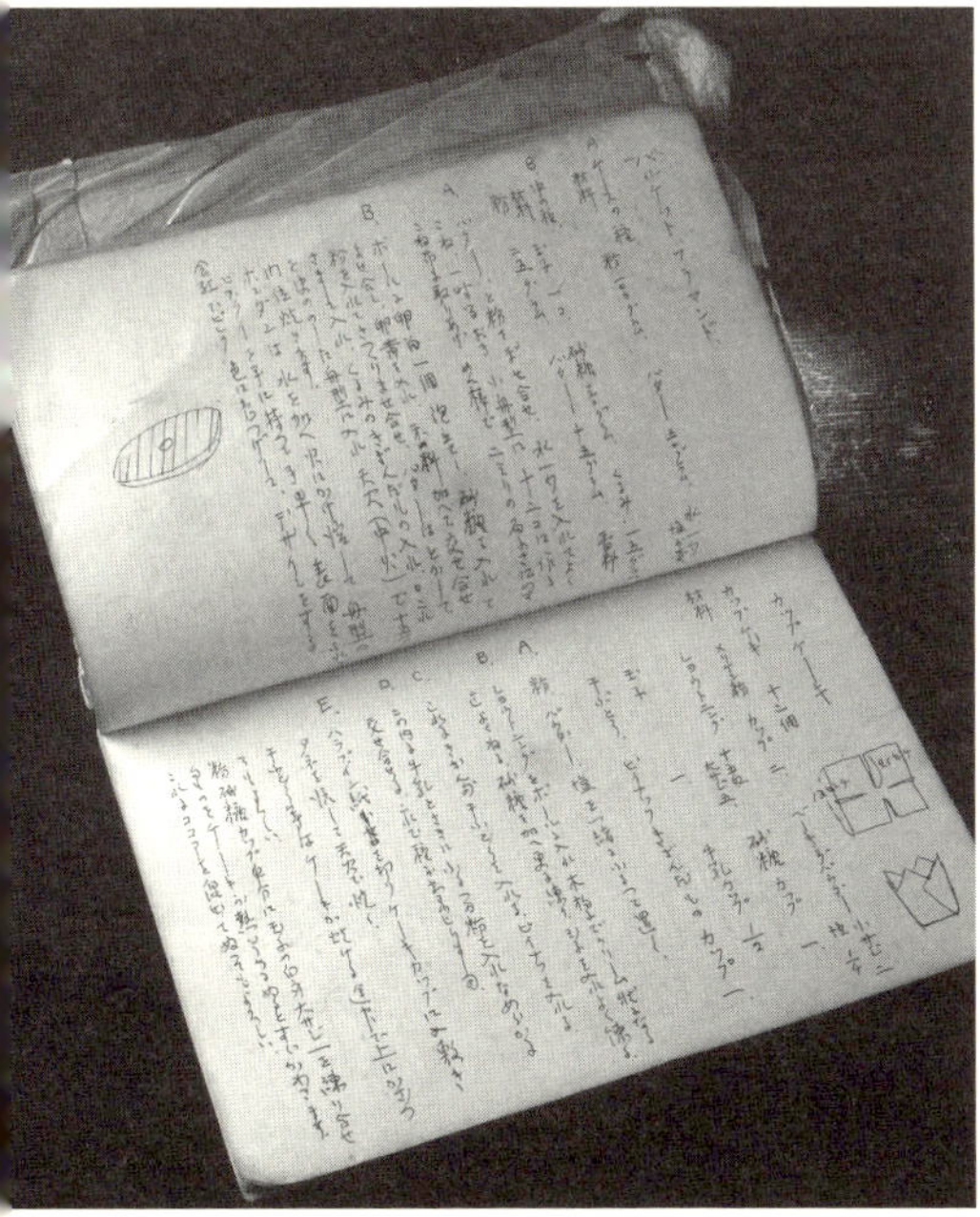

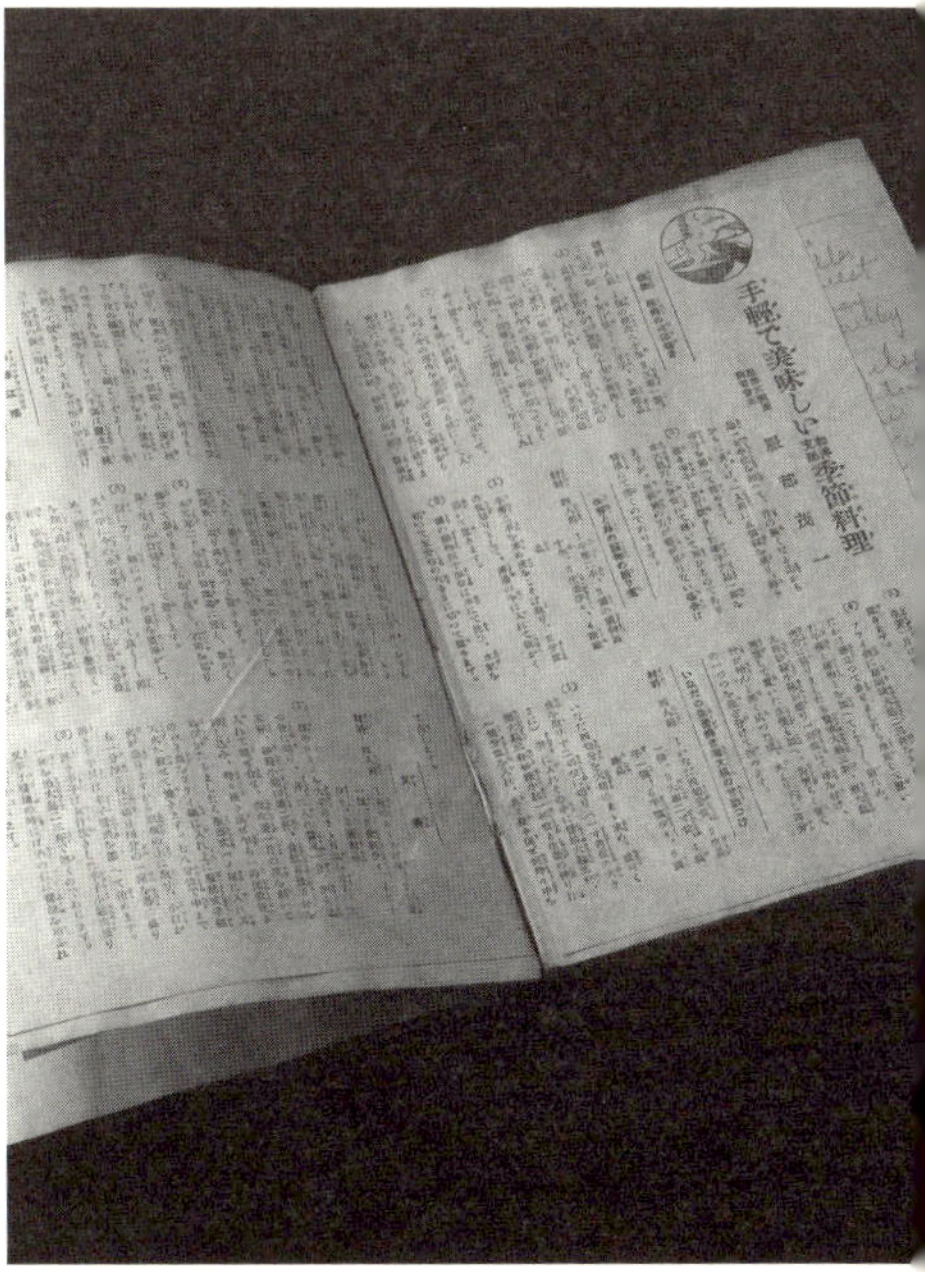
手軽で美味しい季節料理

でさえ爐の側で終夜働く弟の無事を念じた程ですから、母は朝毎に、息子の無事な顔を見るまで、どのような思いであったか。続く徹夜に早朝帰る一雄の顔色が、ろうそくのように青ざめていたのを、今でも思い出すことが出来ます。

次男雄三郎は、十七年、中学一年の時から一ヵ月に二、三回「丸通」の仲仕の見習いに行っていました。中学二年では完全な動員生活で、日曜もなく丸通で働きました。

仕事は、配給品の配達、各工場に軍需品の部分品を運ぶなどで、雄三郎は馬方をしていました。

朝、六時半に家を出、七時に馬小屋へ到着、馬に飼葉を与え、荷台をつけ、八時には千種駅の丸通へ入る。

母の縫った袷の前掛け、手鉤を腰に、馬の手綱をとり、荷車を引く姿。

「ほら！　雄ちゃんだ　雄ちゃんだ」と町で手を振ったものです。

仕事は五時に終りますが、雄三郎は馬一匹の責任をもたされているので、その後、馬に餌をやり、ブラッシをかけて、帰宅するのは、六時半です。

この他、空襲になれば、手不足の消防士に代り、消防の仕事も義務となっていました。

今の、勉強だけしていれば事足りる子供達とは、全く別体験の中を、戦中派はくぐって来たと言えます。

＊

「命は食にあり」と言いますが、こうした切迫状況の中で、日々の食事作りは、命作りに通ずるものとなって行きました。

母はますます畠に専念し、年がら年中、石臼を回すようになっていました。単調な根気仕事です。臼が回るにつれ、かがんでは起き、かがんでは起きの繰返し。

「この粉をいただかせていただく者をお守り下さい、お守り下さい」の繰返しであったと思います。

米の粉、そば粉、きな粉、はったいの粉※は、母の起き上がりこぼしのおかげで作り出されました。私達も手伝わぬではありませんでしたが、あまりの

※はったいの粉
麦を挽いたもの。麦こがし。

単調に耐えられなく、一時間手伝えば上々だったような記憶です。母は、骨が折れれば折れる程、祈りは天に通ずるように感じていたのかもしれません。

その上、引けた粉は、ねったり、こねたり、まるめたり、ふかしたりしなければ食物にはなりませんでした。

一方、臼を回す、こねる、まるめるは、労苦に違いはありませんが、手応えのある、命の保証感でもありました。

*

その頃の料理にも色々の創作があります。玄米の餅米で作ったお餅を油で揚げ、味噌汁に仕立てた朝食用は、重労働の息子達の一日をささえるために、考えついたものです。てっしりとしたみに、ふり葱で、冬の朝はおしいただきたい程のものでした。

それに黒パンがあります。

小麦は手臼ではひけませんので、馬糧屋をおがみ倒して、粉にしてもらいました。出来上がった粉はふすま入りの、至ってざらざらしたものでした。

この粉の本性にさからわず作ったのがこれです。面白いことに、母はスコーンを知らずして、スコーンの手法でこれを作っています。厚さ五、六センチ、直径二十三センチのパン・デ・カンパーニュを、毎日毎日、労せず何気なく焼いていました。家にパンがあるのは天然現象のようなものでした。天火でなく、厚手のスキレットで、火は統制のガス火。現在の強火を十としますならせいぜい二か三くらいしか出ず、殆ど他の調理には役立ちませんでした。これを「丁度、よい」と利用してパン焼きをしていました。

私の婚家先では、同じ粉で、手打ちうどんや水とんを作っていました。ふすま粉で、うどんを打つのは骨も折れ、火力もかかり、その上いかにも戦時食然としており、楽しみのない日々の食事でした。

母のパンは、外国帰りの親類が「日本へ帰って来て以来」と絶賛した程でしたし、私も無理をして食べた覚えはなく、風味をなつかしく思う程です。その上、防空壕にはかかえ込めましたし、お弁当にもなりました。

母は多くの場合、大した工夫をしていないように見られました。ただ「ピンときて、やる」だけのことなのですが、的中するのです。

戦争末期から、戦後早々のことは「私の『風と共に去りぬ』」の中で書いていますので、省略いたします。

＊

昭和二十五年三月、父が、関西駐在常務をしていた頃から、母の楽しい生活が始まります。

息子達が、上智大学、早稲田大学に通学していましたので、父は単身赴任しており、大阪、大成建設の寮に居ました。寮は小ざっぱりしていて、管理人の小母さんも、気の利いた一品、二品を作れる人でしたから、母は東京と大阪を往復して、父の世話をしながら、奈良、京都を見て歩きました。

当時、従妹の市島陽子さんが京都に住み、御主人の成一氏は京都の検事長をしておられましたので、普通では拝観出来ぬ所をも引き回していただき、幸いいたしました。

東京にいる間は、お茶を長谷川宗仙先生に、お香は、御家流の山本様のお席に連なり、楽しみ、励んでいました。

お香から余香をただよわせて帰って来る時の活々とした母の目の色を見

て「ああ、好きなんだ」と思いました。あの頃私は、母の帰りを待ちかまえ、玄関に走り出、髪や衿元に鼻をよせ、母の周りを回ったものです。

山本様では、銘香を惜し気なくお焚きになったのでしょう。五反田から長者丸まで、風に吹かれつつ帰っても、まだ私がお福分けにあずかったのですから。

山本様の銘香で、母はお香のとりこになったのかもしれません。

＊

父の関西時代は二十七年十一月で終り、再び名古屋支店長に就任しました。今度は、市内八事に社宅をいただきました。父は、五十四歳、母は四十七歳。互いに活気に溢れていました。

＊

父の帰宅を知らせる車の音に、母は包丁の手を休め、「旦那様のお帰り」と手伝いの者をうながし、玄関へ小走りに迎えます。

「お帰りなさい！」

「ただ今」

父は周囲の者達は目に入らぬかに、母に笑いかけ、母は笑顔を返します。毎日のことながら、このやりとりの絶妙さにさそわれて、皆んな、どんなに嬉しくなったことでしょう。

父が「今夜はなんだ」と聞きます。

母が弾んで「なんでも　あるわよ」と答えます。

なんでもあるはずはないのですが、なんでもして上げたい母の気持の現われでした。これで全員、なんでもあるつもりになってしまい、賑やかな食卓をかこんだものです。

父は、少なくとも五品の酒の肴を並べてもらい、それは楽しいお酒でした。春には、このわた、蕗のとうの含め煮、三つ葉や嫁菜のおひたし、貝と新わかめの酢味噌、きすの風干、中骨のから揚げ。

家中香り好きで、旬の香気は我が家の食卓の特長であるかもしれません。

母は自分の嫌いなものでも、父の好きなものなら、全くいそいそと作りました。

これは中々出来ないことです。

嫌いなものは、においだけで手の出ぬものです。又、生家の習慣に無かったものを、こなしてゆくのも努力の要ることです。

母は鱈も鰯も好みませんでした。辰巳の家は、金沢の習慣で、関東には金沢のような鱈も鰯もありませんのに、鱈の昆布〆、鱈の刺身、鱈昆布[※]、鰯の酢煮、つみ入れは、父の大好物でした。

「鱈のこのにおいが嫌いなのさ」と言いながら、息をつめて丹念に丹念にこけをひく母。

鱈嫌いの人が癇性に扱い、かえって我が家の鱈昆布は清々しいものになりました。

つみ入れも、自分は殆ど口にしませんでしたが、丁寧に作って、父がお替りするのを喜びとしていました。

「お父様がお好き」

「旦那様がお好き」の繰返しが日々の台所仕事の中心課題でした。

※鱈昆布
生鱈と細切り昆布（だしをとったあとの昆布を使用）で作る清汁。辰巳家独特のもの。『手しおにかけた私の料理』に収録。

父は脳血栓で倒れ、口がきけず、何を食べたいか、全く表現出来なくなっても、丁度欲しいと思うものを食べさせてもらっていたはずです。自分で食事の出来ぬ時、口へ運んでもらう順序も、全く狂いがなかったと言えます。

父は幸せな人でした。

母も、それで幸せでした。

母はこのように終生、精魂こめて父に尽しましたが、いわゆる女大学式でなく、金太郎式でした。

「私は、十年に一度くらい、お父様をおさらいして上げるのさ」

おさらいは、レターペーパー半冊分程の覚え書きをもってなされました。日常性にまみれ、互いの視線が定かでなくなったと思うようになると書いたようです。

母が亡くなってから、それは二部見つけました。もう一部は戦地へ送ったはずです。

慰問箱も送りましたが、覚え書きもとどいたのです。内容は、壮烈なものだろうと思いますし、天国へ持って行きたかったに違いないので、開かず、敬意を表し羽二重に包み、納めてしまいました。大根の千六本を、七十二歳になっても、初心者よりなおざりにせず、「注意、丁寧」を旨とした人ですから、魂と魂のふれ合いに、馴れ合いのゆるせるはずがありません。「一生懸命」な結婚生活の現われであったと思います。

＊

父は会社を大切にし、部下の方々を愛しました。母も父の心を汲んで、誰方をも心から歓待し、父と同時代の方で、母の手料理を召し上がらなかった方は少ないと思います。

中でも、おすし会は、年中行事の一つで、様々の方々を、一生の間に何十回お招きしたことでしょう。

本職同様の俎板と、春慶塗りのつけ台を二枚も父に作ってもらいました。これをテーブルに据え、ぐるりを、かぶりつき然としつらえます。

これに曾祖父が好んだ、古九谷のお銚子や小皿、六兵衛や大樋のぐいのみが並びますと、かぶりつきは、上品にはなやぎ、お客様がお着きにならぬ先から精気が溢れていました。

母は、藤色がかった、とき色、むじな菊の地紋のたすきをかけ、俎板に向かいます。

母が魚を扱う時の緊張力は、女離れした気迫があり、その上継続力も備えていました。

さくどりの寸法感は、毎回見とれました。真似て出来ることではないとは、こうしたことを言うのだと思います。

親をほめるのは恐縮ですが、たしかに、抜群の寸法感覚を備えるに至っていました。

乱切りも一例です。早業で切り上げ「ハイッ！　目方を計ってごらん、全部同じはずッ」と突きつけて寄越す、くやしいが、返す言葉はありませんでした。

素質と共に、自己訓練の結果です。

母は、すし飯の上に長方形の刺身がのっているような、今様すしを軽蔑していました。

たしかに、瞬間のことですが、唇に直線が当たるのは、なにか、わだかまりが生じます。

すらりと、何時口へ入ったかわからないように、すらり型の角度に魚をおろしていました。やわらかめの御飯、女の手で、小さく握ったおすしは、やさしく、男の手にない良さがありました。

母の掌は、働いても働いても考えられない程、やわらかく、不思議なことに調理中は、決して、手がぬくもることはありませんでした。

思えば、お客様も多様でした。父の関係で建築の方々は精密、設計家は芸術家肌、土木のお歴々は豪胆とでも申しましょうか。

又、財界、お茶、お香、小さな子供達の時もありました。

母は「ごきげんよう」から「ちわぁー」までその気になって使う人でしたから、上は閣下から鼻たれ坊やまで、包丁をさばきながら、愉快でたまらない風でお相手をいたしました。

こうした御常連の一人に、酔えばほうきを持ち〝ここはお国の何百里〟を歌い、終りに地響きたてて倒れてみせる、設計家がおいででした。

この方が、母の糠味噌にほれぼれなさり、これが婦人之友社の耳に入り、友社の仕事をするきっかけとなりました。

＊

二十九年夏、婦人之友社は、名古屋まで取材にこられ、これが、母の料理が世に出た最初のことです。

内容は、鰺のお惣菜と、お茶筒で作る、レモンのアイスクリームであった記憶です。

＊

名古屋での料理の仕事は、お頼まれして、中京財界・会社の奥様方もお教えしたことがありましたが、聖霊修道院の修練女の方々の指導に生き甲斐を感じていました。

それは、修練女方は、一人前になられた暁、病院・養護施設などの仕事をなさる方が多かったからです。

聖霊会はドイツ系の修道会で、当時の日本管区長、シスタ・エデルトルダを初め、戦時の修道生活で磨き抜かれた、一騎当千の修道女方が揃っておられました。

シスタ方とは、手をとり合っただけで以心伝心、なんでもしてさし上げたい気持になってしまって、修道会主催のバザーは、三日間連投。

その頃から、時に狭心症を起こしましたので、私は心配のあまり、泣きげんかをしたこともあります。

忘れ得ぬのは、修道女方が、毎週、市営の老人ホームを訪問なさる際の〝おみやげ用意〟でした。なんのことはない、手作りの、あるいは頂戴もののお菓子を無駄にせず、集めて、一折の箱にするだけのことなのです。

当時の福祉は、主食で精一杯、皆んな甘いものを欲しがっていました。中には、待っていたように銘菓を味わい、それで亡くなる方もあると聞き、三年間心こめて用意したものです。

名古屋を住み良いところだと評す方が多いようです。私共も堅実な名古屋が好きで、東京へ帰りたいと思って暮したことはありませんでした。

ところが席のあたたまる間もなく、三十一年七月、父は東京営業部長に転任、又、引越しということになりました。

引越しに先立ち、三十一年九月、聖霊修道院の聖堂で、神言会のレンメルヒルト神父様から洗礼を受けました。

霊名は、モニカ・マルタ。長男一雄の霊名がアウグスチノなので、その母モニカにちなみました。「もなか」のようで覚えやすかったそうです。マルタは、聖書に出てくる、働き者の女性の名です。

鎌倉の日々

父が東京詰めになっても、長者丸へは帰り住まず、縁あって鎌倉に居を定めました。

場所は雪ノ下大御堂。源義朝を祀った御堂跡で、家は典型的な湘南の夏別荘でした。冠木門《かぶき》をくぐると、玄関へ向かって思いなし、砂利道が小高くなっています。このあるかないかの勾配が、玄関に品位をもたせていました。

母は道の右側にある大きな辛夷《こぶし》を中心に、くちなし、木犀など、香る木で植込みを作らせ、その向うをバラ庭にしました。

道の左側は、枯山水をめぐらした日本庭でした。ここには、日本の草花、かたくり、千鳥桔梗まで、何気なく配し、枯山水のいかめしさに優しさを添えました。

家は生活圏を洋風に手入れし、居間は和風のまま残しました。


父と母の部屋は次の間つきの瀟洒な八畳で、西側の満月を思わせる吉野窓からの眺めは、さながら一幅の日本画でした。

春には、風にゆれる若竹、秋は、われもこうや、ひとむらの野菊。

母は「鎌倉に住んでよかった」が口ぐせになりました。

ここで暮した十年間の一番の喜びは、息子達がそれぞれ良き伴侶に恵まれ、三人の孫達の誕生と成長であったと思います。

お休みに関西に住む二人組みがやって来て、鎌倉の一人と一緒になります。

宿題を監督したり、升で計るほど捕える蝉を逃がしてやるよう、説得するのが日課になります。

「おばあちゃん、僕達にはアメリカ料理作って頂戴」。父も母もお付き合いで三週間、洋皿とにらめっこ。子供等が帰った夕食から萩の小鉢物を並べ、「やれやれ」と思うものの、淋しくて、「今度来たら、何をしてやろう」が食卓の話題になります。

子供等が一夏使った捕虫網や、浮袋を片付ける時の気持はたとえようがなく、「今晩、電話してみよう」でした。


三十五年、『手しおにかけた私の料理』を仕上げました。この本のカバーは鎌倉に住む幸せを表わしたく、鶴ヶ丘間道を選びました。

担当記者の沢崎雪子さんが、忘れられないとおっしゃるのは、母がたっぷり目に用意する材料でした。

一椀の清汁に一升の出汁、おいなりさんは最低五十枚の油揚げで、百個は作らないと味に調子がのらないというのです。

料理の撮影が終った後は、もらい手を見つける始末で、すじ切り上手の婦

左頁
浜子は記録を大切にしていた。上は来客にお出しした献立。同じものを出さないようにと。中は著作とそのための原稿。必ず下書きしていた。下はテレビのテキストと台本。テレビで料理をお教えする先駆けでもあった。

きょうの料理

人之友社はパチクリなさったのです。

たっぷり目は母の習性ではありましたが、「味は絵に出る」が持論でした。写真は正直で、馴れた目には、味が感じられるのです。

「自分ごときが、他人様にお教えすることがあるのはおかしい、時代の方が狂っている証拠だ、昔の女なら誰でもして来たことだ」と、求めて料理指導はいたしませんでした。

しかし、お頼まれすればお断りしない人でしたから、講習会・テレビ・寄稿などの仕事がおいおいふえました。

＊

母が何故、あのようにお香に傾倒したか、私にはまだわかりません。

お香の本格的勉強は、大御堂に住んだ翌年二月、坂寄紫香先生をお迎え出来るようになってからだと思います。

これより以前、昭和二十三年頃、御家流で楽しみ、二十七年、名古屋時代に、志野流宗家へうかがい、入門させていただいております。

坂寄先生は、水戸家の祐筆のお家柄にお生まれになり、お父君は御殿医でもあられました。御両親・御兄弟とのお別れは早く、二十代前半にはお一人になられました。

学習院時代から貞明様※と無二の御親友でいらしたことからでも、大方の御輪郭が察せられます。

学習院御卒業後は、下田歌子に私淑し、結婚なさらず、実践女学校で四十年間、教鞭をとり、又舎監もされました。

稽古は無心な時からとの御両親の深慮に依り、数え五歳から、小笠原流の礼法にお通いになりました。

その日から九十二歳でおかくれになるまで、多方面の御修業・御研鑽の道を歩まれました。

寝覚めして明日の光りをしたいつつ
　しづかに霜のふる音をきく

「これは、私の修業の歌」と短く仰せになり、私に下さったものです。

先生が、戦中・戦後の激変を、よく孤独に耐え、甘えず、年をお重ねになったことは、どのような可哀そうな話にも涙をお見せにならなかった、そ

※貞明様
大正天皇妃、貞明皇后。

の不思議から察せられます。人間に対する洞察は深く、教育者独自の手だてをもって、励ますのを常とされましたし、お土産一つにしてもお心尽しでありましたが、先生のお目がうるむのさえ、見たことがありませんでした。

一方お年を召されるにしたがい、驚く程、お母様のお話が多くなりました。私は、福寿草を見ると、先生の面影と重なり、胸があつくなります。丈低く、寒さに耐えて咲く黄金色の花。よく見ると、茎は意外に太く、しっかりしています。葉の細々とした切れ込みは、先端さえ凍てず、やわやわとした緑そのものです。先生は、天性の花と、御修業の実を兼ね備えた、まれなる妙花であられました。

母の究理の性分は、先生なくして、おさまらぬところがありました。先生は、ともすれば、弾み返る母を、押えつつお認めになりました。極むれば諸芸相通ずで、母は、先生の一言、一挙手、一投足を心底に受け止めました。一方、先生も、花一枝・沢庵一切れにも、その心入れ・才覚・腕前を認め、的確なひとことで評されました。

ひね沢庵の思い出がそれです。

ひね沢庵は、余程、包丁がたちませんと、ちょっと舌を出したような形に切れてしまうのです。ある日、母の切った一切れを箸にとり、並み居る人々に「これこれ」としめし、「……仕方がない」と結ばれました。

習って出来ること、出来ぬことを、わかる人にだけ、わかるようにもらされた言葉でした。

二十年近い年月を、毎週、お香・礼法・その他数々のわきまえ事を、手をとり、お教えいただいたのはかけがえのない恵みの時でありました。「毎週、お席を用意し、先生のお膳を仕度するのは大へんだったが、あの頃が、一番よかった」と母は述懐しておりました。

人間、持ち前を啓発される程、幸せなことはないと思います。

香道とは、香をききわける（かぎわける）術を習得するものではありませんので、鼻がきく、きかぬを持ち出すのは、はばかられますが、母は香席で、お手前やお筆者をつとめながら十種の香を楽々ききわける時がありました。台所の臭いは、私の感じぬものまで、一々厳しいので「気の毒に、犬の鼻だ」

とからかったこともあります。

面白いのは、ハンドバックの中味で、使わぬものにまで、どれにもこれにも、香水の小瓶がひそませてあります。外出時に、くさい思いをすると、鼻の先に、チョンとつけ、一時しのぎするためです。箪笥は、和箪笥には、におい袋、洋服箪笥は香水の空瓶、下着箪笥には、よい石鹸と、各段ごとに入れてありました。母亡き後、移り香を慕い、かぎわけるには、それこそ軍用犬の鼻が必要でした。

鎌倉、浄明寺の日々

昭和四十年、現在の浄明寺に移りました。雪ノ下カトリック教会の、当時の主任司祭、ブドロー神父様から、この土地の買い手をさがすよう御依頼を受けました。

始め、お手伝いのつもりが、だんだん家で頂戴することになりました。

この谷戸《やと》は、すり鉢形で、南西に開いています。裏の山はつずら折に道があり、常磐木・落葉樹にまじって、花木が多いのです。

春は、辛夷・巴旦杏《はたんきょう》に始まり、各種の桜、合わせて七十本余、山つつじ・どうだん・木藤・れんぎょう・あけび・山吹・提灯ぐみ・椿で山は彩られ、鎌倉の隠れた名所とおっしゃって下さる方もあります。

母は、出来る限り、木々の枝をはらい、山肌の陽当りをよくし、野の花・山の花を植えました。

日本たんぽぽ・大あらせいとう・えび根蘭・都忘れ・つる桔梗・岩たばこ・彼岸花など。さながら自生するかに植えるのが得意でした。中でも、県花、山百合の球根を山の斜面に植えた時の曲芸は忘れられません。

当時、屈強の男性がお弟子として、毎日、勉強に来ておられました。のちの吹田教会の主任、山口重義神父様です。師は若き日、少年海兵隊、漁夫、炭坑夫などの道を経て修道院入りされた方で、腕力は樫の木を思わせるものがありました。

「山口さん、私に命綱をつけて、その先を持っていて頂戴」金額にして万金分の球根は、かくして、師弟の明るい笑いと共に、無事植え終りました。

六月がめぐり来ると、思わぬところで、ぽっかり山百合に出逢います。

大き岩ささえて山の百合におう

このようなわけで、母の山仕事を手伝うおばさん達とは大親友。モンペに父の古いワイシャツで、仲間入りするのが最大の楽しみでした。腰には大工の七ツ道具袋を、紋服用の古帯〆でくくりつけ、小鎌、小のこぎり・はさみ・名札・マジックペンを入れていました。

植物に対する知識は、大体新聞学問で、「日本経済」の園芸欄がごひいきでした。

あるものは、あくまでたくましく、あるものはいかにも楚々と育てました。桔梗の一本仕立て、半げしょう・晒《さらし》菜《な》しょうまなど、その例でしょう。

「仏性は白き桔梗にこそあらめ」という漱石の句があります。花屋の桔梗ではこうはまいりません、一本立ちに育ててこそです。

母の茶花に溜息をつく方が多かったのは、育て方が、七分ものをいっていたのです。

こうした環境の中で、四十四年二月、婦人之友社より『娘につたえる私の味』、四十七年五月、柴田書店から『みその本』、四十八年四月に、中央公論社から『料理歳時記』が出ました。

料理の原稿は父への配慮もあり、いずれも、机に向かっているという様子を見せず書いていていました。

ただ、『みその本』だけは、すべて、みそづくしだったので「体が味噌くさくなってくるようだ、あきあきした」と言いつつ、夏の朝、早起きをし、玄関の一隅に座を占め、呻吟しつつ書いていました。読めば『歳時記』同様、軽く、苦労は感じさせません。

『娘につたえる私の味』は、仕上がった時、非常に落胆し、気の毒のようでした。例えば、筍の煮物ですが、実物の十分の一の写真が、ちょこなんと、白黒でのっているという仕上がりになったからです。

あれは、直径五十センチもあろうという、黄瀬戸の大鉢に、ものの見事な筍を、目を見張る程、盛ったものでした。

京都から、取り寄せ、象牙色に炊き上がった筍の美味でしたのに。他にも同様の例が多く全力を尽しただけに「泣けてくる」と、この時ばかりは中々気をとり直せませんでした。

「歳時記」は、出版社の催促に「もう送ったと言っておおき」「あら、嘘つくんですか」「大丈夫だよ、頭の中じゃもう出来てるんだから」こんなやりとり七年間で、書き溜まったものの中から、選んだものです。

文庫本になる時、解説は誰を望むか、と出版社から問われました。ふと私が荻昌弘さんをすすめ、お願いすることになりました。

三回程しかお目にかかっておりませんのに、深く、多角的に、母をおとらえ下さいました。母は目をうるませ、「ここまで……」と感謝しておりました。亡くなる五ヵ月前にこの解説を拝見出来ましたことは、おそらく、母の最後の慰めであったと思います。「あれを、ごらんになれて、よかった」とおっしゃった方がありました。

母は、講演会・講習会・テレビ、すべて緊張しないようでした。講習も講演も草案なしでした。「明日は何を話すの」とたずねますと、「うるさい人ねえ、集まった方達の顔を見てから」と庭いじりの手を休めません。

テレビは、テキストの材料の準備は、至れり尽せり、克明なメモにもとづいていたしましたが、脚本読みは、行きがけの乗物の中で、目を通すだけでした。

では、何時母が見聞したことどもを沈潜させていたかと言いますと、働きながらです。

私達は、台所をしながら絶え間なくしゃべるのが嫌いです。しゃべれば間をはずすからです。そして、この間に、自然にものを考えます。それには、呼吸のあった者同志で仕事をする必要があります。

ですから母は、他人《ひと》様のお手伝いを、なんとなくためらうところがありました。

料理の話で、母らしいことを一つ思い出しました。料理で内職をしていた頃のことです。昭和二十年末から、二十一年にかけ、父が満州で行方不明の頃でしょう。

すき焼きの仕度をしながら、「今日のお客様で、私達には煮汁が残る」

ダンス・パーティ用のサンドウィッチのパンを切りながら、「サンドウィッチをすると、パンの耳が残るところがいい」と言います。

翌日、私共はまさしく煮汁で牛丼を作り、おからを炒りました。パンの耳には、ねりバタ、玉子のスプレッドの残りをぬるなどし、屈託はいささかもありませんでした。

母は、孟母的心境の故ではなく単に性分のせいでしょう、ついぞ「もうけた」「もうかった」と口にしませんでした。一方、私共姉弟も、二十歳過ぎの大人であったにもかかわらず、母が「それで、よい」と言えば「成程」と思っただけでした。

真の自信の基いは、無欲に端を発するのかもしれません。

＊

早や紙数も尽きました。母を感じられなくなってから日も浅く、ここ十年間のことは筆がすすみません。以下、簡略に記します。

四十六年六月

父、最初の脳血栓を起こす。後遺症として右親指に軽い麻痺が残る。

四十七年四月一日

待ちに待った金婚式。式は、鎌倉小町のレデンプトリスチン修道院で、桃とれんぎょうに囲まれて行われた。

　司式　レデンプトール会・故モーラン師、イエズス会・アモロス師。

父はモーニングを着たいと言い、母は象牙色の辻が花の訪問着を着た。孫達から贈られた、バラの花束を手に、並んだ父と母の姿は、しずみゆく、夕陽の美しさであったかと、今にして思う。

同年四月二十二日

金婚式報告のため、父祖の地、金沢へ墓参。帰途、名古屋で、名古屋支店時代の方々とお祝い。

同年四月二十六日

父、脳血栓再発、横須賀、聖ヨゼフ病院へ入院。言語障害、半身不随となる。

同年六月

県立七沢リハビリテーションへ入院。

同年七月中旬

病院の方針が惹起した、栄養失調のため、脱水状態を起こし、再び、重態。

同年九月まで

七沢に宿をとり、母と私、手伝いのちゃ子ちゃん、けいちゃん、交代で看護し、回復させる。

同年九月

母、健康診断の結果、肝臓に問題を認められ、一ヵ月、七沢リハビリに入院。

四十八年四月

左頁

家族で撮り、雑誌（アサヒグラフ）に載った最後の写真。長男家族、次男夫婦と食卓を囲んで。父はこのときはもう入院していた。

父、退院。車椅子で、三度の食事を、家族と共に出来るようになつた。

五十年二月

母、肺炎で鎌倉聖テレジア病院へ入院。

同年三月

坂寄紫香先生御逝去。

五十一年八月末

母、聖テレジア病院へ入院、肝硬変と診断される。母には告げず。私はただ「安静安静」とむきになり、母は「干渉しすぎる」と、けんかになつた。

同年　秋

私の遺言と言い「料理の掟」と題する本を作るべく、構想をたて始める。

五十一年は、病院から、おひまをいただいては、日本デザイン・センターと「奥様手帳」一年分の仕事をする。

五十二年三月
父に、原因不明の発作が起こるようになり、聖テレジア病院へ入院。
同年四月下旬
「アサヒグラフ」に掲載の写真が、家族と共に写した最後の写真となる。
同年五月初旬
久々で東京へ。辻留さんで、お心尽しのお昼をいただく。「これからは、毎月うかがいましょう」と、食の幸せにひたった。
同年五月十七日
湘南香蘭同窓会を、自宅で催す。
同年五月二十三日

NHKへ「薬味・つま・けん」の話でビデオどり。至って元気に見えた。

同年五月二十六日
葉山の修道院で黙想会に参加。
私の願いで、雪ノ下教会の、出合いの会の方々が、母の長い看護生活をねぎらい、祈りの時をもうけるため、母のために催して下さった家族的黙想会だった。
指導、イエズス会・シエラ師。

同年五月二十七日
黙想から平和な面持ちで帰る。
「一切を神様におまかせした。
これからの私の務めは、
お父様が死をおそれないようにして上げるのが、私の務め」と言った。

同年五月二十八日
後援会会長をしていた、「小さき花の園」（重症心身障害児施設）のバザー。募金箱の側に立っていたと聞く。会場から父の所へ。父は又軽い発作を起こしていた。酸素吸入をしているのを見て、「ショックだった」と言った。

同年五月二十九日
聖霊降臨の大祝日、揃ってミサにあずかった。

同年六月二日
二人で父の所へ行く。江の電で帰る程元気。おすしをつまもうと大繁へ。母の手をとって歩いた最後となった。

同年六月四日
イエズス会のシエラ師、エルナンデスさん、有島暁子さん、妹百合子を招いて、仔羊のローストで、楽しい夕食をする。

同年六月七日
北村登美子さん、永井雅子さん、お香のお二人と共に昼食。夕方六時まで、別れを惜しむ。
次男、雄三郎、上京したが、社用で鎌倉までは来られず、電話で楽しく話す。「あの年になって、御苦労さんだ、日本の企業は云々」と同情した。

同年六月八日、九日
二日続けて父の所へ行き、「今日は、お父様に、死をおそれてはいけませんよと言って来た」と言い、続けて「私は死を絶対におそれない」と断固とした調子で繰返し、言い切った。
同年六月十日
電話で、多くの方々と、長話しをした。

同年六月十一日

奇しくも、母の母、ハルの命日であった。音もなく母が逝き、「ごめんなさい」も「ありがとう」も言うことが出来なかった。母に祈ることは出来ても、やはり、言いたかった。私共姉弟はいまだ、手をとり合って、そのさびしさを語り合ってはいないが、想いは一つだと思う。

浜子先生のこと

永井雅子

私が鎌倉・雪ノ下の辰巳邸で坂寄紫香先生を師としてのお香の会に伺うようになったのは、昭和三十三年ごろのことでした。同じ大成建設のご縁ですが、北海道から転勤して間もないときでしたので、辰巳夫人のことは全く知らず、社宅のお仲間からのお誘いだったのです。以来、坂寄先生が亡くなり、浜子先生も病いがちになられてお教室を閉められるまで、お香のみならず、暮しの姿勢のこまごままで、学ばせていただきました。その後も私はお香をつづけ、お教えもしておりますが、浜子先生のお陰で今日があると感謝のみでございます。

雪ノ下、浄明寺とお移りになっても、品のよい、すばらしいお暮しをしていらっしゃいましたが、けっして贅沢はなさらなかった。心持ちが真にやさしく、なにごともご自分でなさる、身体を動かすことをいとわないのです。私共にも、身体を動かすこと、人に与えることを教示なさいました。「お香の手伝いができないなら、流し元や片付けごとをなさい」と。年に一度、お家を開放して障害児を招き、たくさん御馳走を作って自由に遊んでもらう行事もなさっていました。お香の会の後でも、いつの間にかポテトが天火で焼かれていて、バターをつけていただいて。「気持ちを入れて物事をやる、人につくす」を言葉だけでなく、実際に見せてくださいました。皆でお食事をいただいて、皆にまじって大きな声でお笑いになって、かといって品のいいことはきちんとなさるし、本当に見事でございました。はじめての方をお連れしても自然に受け入れてくださるので、みんなファンになって帰るのです。私もお稽古に行く途よりも、帰り道がうれしく豊な気持ちが常でございました。

不思議なご縁で、加賀出身の舅様やご主人がよろこんで下さるからと、金沢の料理を勉強なさり、私の実家（金沢の老舗・大友楼）にも何度かいらしていただきました。

「娘は経済的なことは当てにできないし、主人はそういうことを超越した人だから、私が最後まで残って面倒みるしかないわね」と言っていらしたのに、早く亡くなられて、もったいないことでした。ただ三日前にお昼をよばれて、思う存分お話しできたこと、お苦しみはなかったことがなぐさめでございます。

教会では涙の中で伽羅の香をたくさんたいて、天国へお送りいたしました。

今もって浜子先生を知る方は、あのお心の温かさ広さ、やさしみあふれる知性、気品……一点の蔭もない思い出に心温まり、いつまでも忘れずにおります。

（平成二十二年十月）

本書は昭和五十三年に南窓社より出版された
「私の『風と共に去りぬ』」の一部を復刊、再編集したものです。

辰巳浜子（たつみ・はまこ）

明治三十七年、東京・神田に生まれる。香蘭女学校卒業後、辰巳芳雄氏と結婚し、一女二男を得る。その家庭料理、もてなし方が口づてで評判となり、婦人之友社の取材を受けたのをきっかけに各婦人誌、まだ初期のNHKテレビ「きょうの料理」などに登場し、料理研究家のさきがけとされる。昭和五十二年、七十三歳で逝去。著書『手しおにかけた私の料理』『娘につたえる私の味』『みその本　みその料理』は一人娘の手によって新版として刊行されている。

辰巳芳子（たつみ・よしこ）

大正十三年、辰巳芳雄・浜子夫妻の長女として東京に生まれる。聖心女子学院卒業。母の傍らで自然に家庭料理を会得した。『あなたのために――いのちを支えるスープ』『庭の時間』（共に文化出版局）ほか、『辰巳芳子の旬を味わう』『慎みを食卓に』（共にNHK出版）等々、著書多数。平成二十二年、NHK放送文化賞受賞。

まごころの人　辰巳浜子

発行　二〇一一年三月四日　第一刷

編者　辰巳芳子

発行者　大沼 淳

発行所　学校法人 文化学園 文化出版局
〒一五一－八五二四 東京都渋谷区代々木三－二二－七
電話〇三－三二九九－二四九四（編集）
電話〇三－三二九九－二五四〇（営業）

印刷・製本所　株式会社文化カラー印刷

お近くに書店がない場合、読者専用注文センターへ　フリーダイヤル　〇一二〇－四六三－四六四
ホームページ http://books.bunka.ac.jp/

アートディレクション　高岡一弥　デザイン　伊藤修一　松田香月
撮影　小林庸浩（一四五～一五二ページ）
編集　オフィスＤＯＩ
弘田美紀（文化出版局）